すごいアイデア

「尖らせて売る」ビジネス発想の公式

はじめに

すごいアイデアとは

「すごいアイデア」と聞いて、あなたはどのような内容を思い浮かべただろうか。何か画期的なアイデアや天才的なひらめきが生まれる方法論が書かれた本を想像したかもしれない。

本書で言う「すごい」はそのようなことではない。

ビジネスをつくる際、新しいアイデアが求められるのは言うまでもない。求められるのは「おもしろい」「ユニークである」「尖《とが》っている」といった、**他にはない独自性**である。しかし、本書の対象であるビジネス領域では、それだけでは済まされない。

これらの**独自性に加えて、「売れる」「儲《もう》かる」「事業化できる」といった市場性のあるアイデアが求められる。**

通常、独自性が強いと、仮に目立ったとしても「売れない」と思われがちだ。独自性の強い商品・サービスは作り手の自己満足にすぎない、儲かる商品をつくるには、ユニークさやかっこよさなどに蓋《ふた》をするものだ、と。事実、「こんな尖った、ニッチなもの、誰が買うんだ？」と会議で却下された経験もあるだろう。このように多くの場合、独自性と市場性は二律背反的に捉えられている。「尖りすぎると売れない」という思い込みが、私たちのアイデアづくりを妨げているのだ。

独自性と市場性がトレードオフの関係にあることは否定しない。しかし、実のところこの2つは両立できる。もっと言うと両立させるものである。両立ができれば、あなたのアイデアは無双《むそう》モードに突入する。他者のアイデアと似ることも、上司に潰されることも、会議での無難《ぶなん》な空気に負けることもない。実現まで漕《こ》ぎつければ、ヒットに導くことも、業界をざわつかせることも、社会にインパクトを与えることもできる。**「尖っていて売れる」つまり、独自性と市場性が両立しているアイデアこそが、本書が目指す「すごいアイデア」である。**

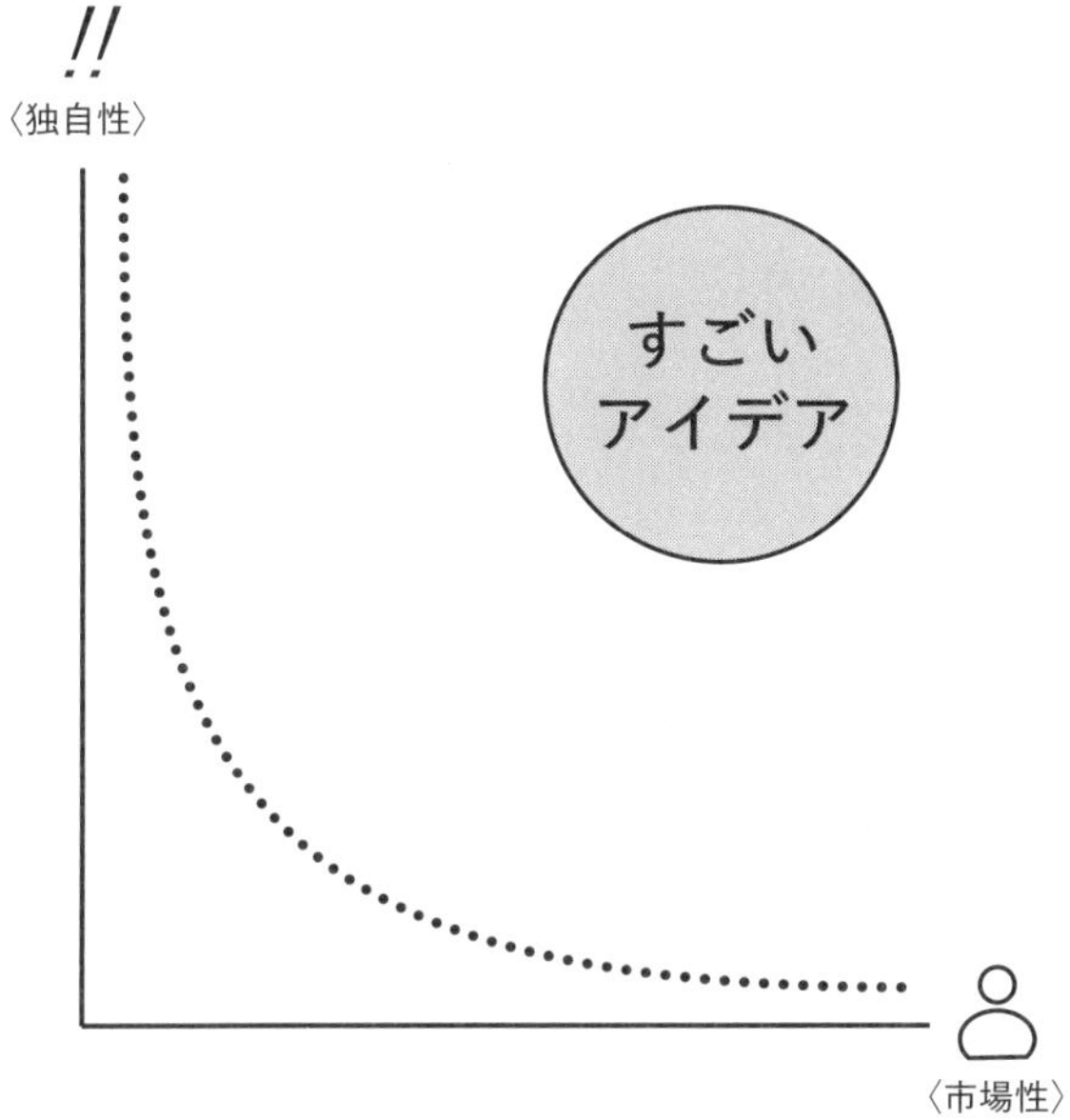

すごいアイデアとは

〈独自性〉と〈市場性〉が両立する
「尖っていて売れる」アイデア

アイデアには「公式」がある

本書は新たな商品やサービスを企画・開発するビジネスパーソンのために、アイデアづくりの根幹を解説するものである。特徴は、**アイデアのつくり方を「公式」にした点だ。**無駄な要素を削《そ》ぎ落として、身につければ誰でも使うことができることを意図している。公式と言っても数字や記号を用いた数式ではない。一目瞭然で理解できるように、単純化して図示することにこだわった。もしよければ、これ以降の頁をざっとのぞいてみてほしい。その図を眺めるだけでも、本書の要点が理解できるはずだ。

本書を著した背景を理解してもらうために、簡単に自己紹介させてほしい。
私の夢は建築家であった。建築学科のある大学に進学し、大学院も含めると6年間建築漬けの日々を送った。好きな勉強を好きなだけ学ぶことができる学生生活は、人生で最も幸せを感じた時間のひとつだった。その一方で残酷な現実も待ち受けていた。

それは、絵が壊滅的に下手であったことだ。

卒業後は、幸運にも建築設計事務所に勤めることができた。しかし、このままでは分が悪いことを身を以《も》って体験し、建築家を諦め、経営コンサルタントの道に進んだ。絵が下手であることを克服するより、私の長所であるアイデアで勝負しようとしたのだ。

その後紆《う》余《よ》曲折《きょくせつ》があり、現在はｋｅｎｍａというデザイン会社を起業し、ビジネスデザイナーという肩書で仕事をしている。日々求められるのは、**クライアントが思いつかない一点突破のビジネスアイデア。**そこで私の武器となっているのが、本書の公式である。

駆け出しの時期は、自身の勘や感覚に頼って発想していたため、アイデアの質に大きなバラツキがあった。スムーズに発想できるときはよいが、できないときは生活に支障をきたすほどだった。この状態から抜け出すためには、再現性のある方法の模索が不可欠であった。めざしたのは、**単純かつ再現性のある方法。**10年にわたって少しずつ確立し、ようやく体系化することができたのが本書の内容である。

この方法は、才能や感性、センスを問わない。むしろ、発想に自信がない人にこそ、向いている方法かもしれない。アイデアづくりに悶絶《もんぜつ》しているあなたの救世主になることができれば幸いである。

目次

第1章

発想する——〈独自性〉の創出　037

第2章 定める──〈市場性〉の要件化

装丁･本文デザイン　bookwall
プロデュース　岩佐文夫

序章　アイデアづくりの原則

なぜあなたのアイデアはつまらないのか

まず初めに断言したいのは、あなたのアイデアがつまらないのは、才能やセンスが原因ではない。もっと根本的なところに問題がある。それは、**おもしろい／つまらないの「基準」があいまいだからである。**たとえるなら、ダーツの的がはっきりしない状態で投げ続けているのと同じだ。どこに投げればよいのか、中心からどのくらい離れているのかが分からない状態で、闇雲《やみくも》にアイデアづくりを行なっている。

そもそも、**あなたのアイデアづくりに良し悪《あ》しを判断する「基準」は存在するだろうか。**もしくは、アイデアを考える前に、「基準」の検討に時間を費やしているだろうか。この問いにYESと答えられないのであれば、アイデアの乏しさは、やはり才能やセンスが原因ではない。

才能やセンスに頼らないために、「基準」に加えてもうひとつ携《たずさ》えておきたい方法がある。それは**基準を満たすアイデアを手に入れるための「手順」である。**ダーツでいえば、矢を投げるフォームだ。正しいフォームがなければ、何度も同じ的に投げることができない。ダーツもアイデアづくりも求められるのは再現性である。たまたま刺さったでは、自身の成功を運に任せているのと同じだ。

この「基準」と「手順」を併せて「公式」と呼ぶ。この「公式」を身につけることこそが、あなたに最も必要なことであり、本書がその役割を果たす。

アイデアづくりの本質

アイデアを生み出すには、定番となっている考え方がある。それはジェームス・ウェブ・ヤング氏の著書『アイデアのつくり方』で述べられている「**アイデアとは、既存の要素の新しい組み合わせ以外の何ものでもない**」である。このアイデアづくりの前提に従うと、あなたが「求めるグッドアイデア」はこのように表わすことができる。

Good Idea = N × %

「N」はアイデアの数を示す。グッドアイデアを見つけるためには、理論的には要素を組み合わせ続ければよい。つまり、とにかく数を出して組み合わせ続けることが重要である。「まずは100案」という指示を受けたことがあるかもしれないが、アイデアづくりの前提からすると理にかなっているといえる。

「%」はグッドアイデアが出る確率を示す。闇雲に要素を組み合わせ続けていても、グッドアイデアに出合う可能性は小さい。そのために必要なのが、この確率をいかに上げるかである。確率を上げる代表例には、アイデアをまずは発散させ、その中からグッドアイデアを選び、そのアイデアを起点にまた発散を繰り返す「発散と収束」がある。本書の第1章で紹介する「新常識」も同様の確率を上げるアプローチである。

このようにアイデアづくりは、アイデアの数を増やす（N）、またはグッドアイデアの確率を上げる（%）の2つに大別できる。そして世の中で語られているアイデアの発想法はこのどちらかに当てはめられる。

Good Idea ＝ N × %

基準
を定める

数
を増やす

確率
を上げる

アイデアづくりの本質

「数」「確率」と同じくらい
「基準」に目を向けるべき

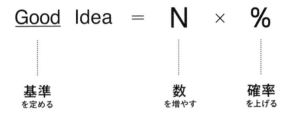

アイデアを大量に出すこと、確率を上げること、この2つに目が向けられているために、見過ごされている点がある。それが前述の「基準」である。**どのような基準を満たせばグッドアイデアなのか、この基準を定めることから始めなければならない。**

アイデアの基準

基準の理想は、前述したダーツの的である。ビジネスのように、複雑で自由度が大きいものを扱うのであればなおさらだ。ビジネスの中核を担うアイデアを発想するためには、シンプルで本質的な基準が必要である。

あなたは業種や相手（ＢｔｏＢ／ＢｔｏＣなど）によって、基準は大きく異なると思っているかもしれない。しかし、原則は実は同じだ。**ビジネスの中核を担うアイデアの基準は、〈独自性〉と〈市場性〉の両立である。**

両立

〈独自性〉と〈市場性〉

アイデアの基準

相反する2つの要素の両立が求められる

〈独自性〉とは、競合との差異の大きさである。あらゆるものがコモディティ化していく今日において、〈独自性〉なくしてビジネスで勝つことはできない。一方の**〈市場性〉とは、顧客の数である。**厳密には、〈市場性〉は顧客数×単価となるが、本書では〈市場性〉＝顧客数として進め、詳細は後述する。そして、〈独自性〉と〈市場性〉の「両立」こそが事業の中核となるアイデアの核心である。裏を返せば〈独自性〉と〈市場性〉が通常は相反することを意味する。

この関係は図にすると分かりやすい。縦軸に〈独自性〉、横軸に〈市場性〉をとると、アイデアはこの曲線のどこかに位置することになる。傾向としては左上か右下のどちらかに分かれることが多い。左上は〈独自性〉が高いが〈市場性〉が小さい、つまりその独自性が一部の人にだけ支持される「ニッチ」なアイデアが該当する。それに対して右下は〈独自性〉が低いがゆえに多くの人に支持される「マス」なアイデアが該当する。

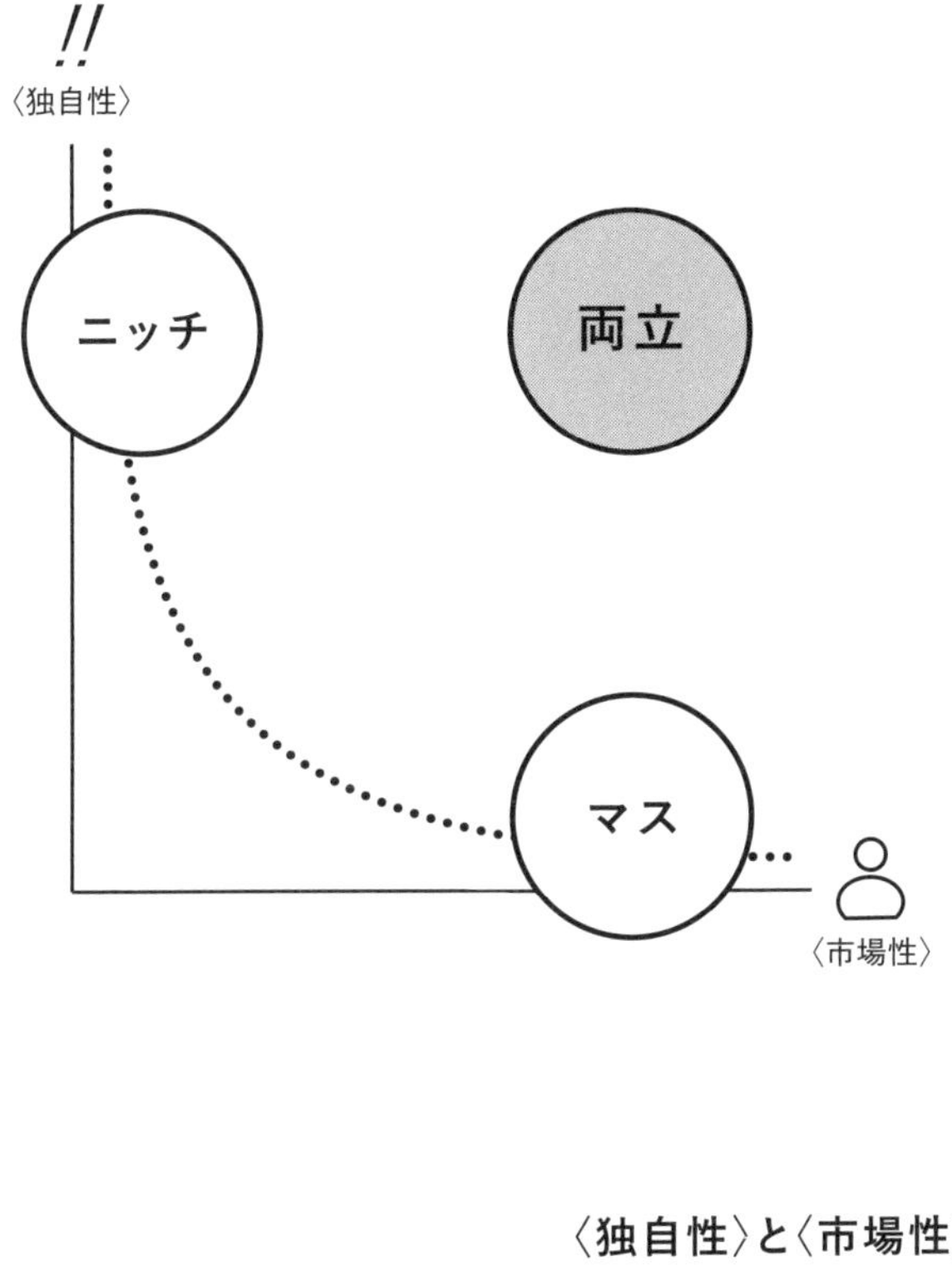

〈独自性〉と〈市場性〉の関係

アイデアは左上か右下のどちらかに分かれる傾向がある

ファッションブランドを例に挙げると、左上にはパリコレクションで新作を発表するようなファッションブランドが該当する。ここでは「パリコレ」としよう。パリコレの服はトレンドの先端をいく斬新なデザインであり、万人受けを目指したものではない。つまり、〈独自性〉が高く〈市場性〉は小さい。右下にくるのは、量販店で売られているような衣料品である。トレンドに左右されないベーシックなデザインを売りにしているため、多くの人に受け入れられる。つまり〈独自性〉が低く〈市場性〉が大きい。このような傾向は、あらゆるテーマで当てはまる。

このような傾向に対して、**右上を狙うのが「両立」である。**

通常は左上か右下のどちらかの選択が迫られる中で、右上のポジションをとることができれば、競合に対して競争優位を築くことができる。この右上には、イノベーションに成功したあらゆる事業が当てはまる。ＧＡＦＡと呼ばれるグーグル、Ａｍａｚｏｎ、フェイスブック、アップルのような、ＩＴプラットフォーマーはイメージしやすいのではないだろうか。

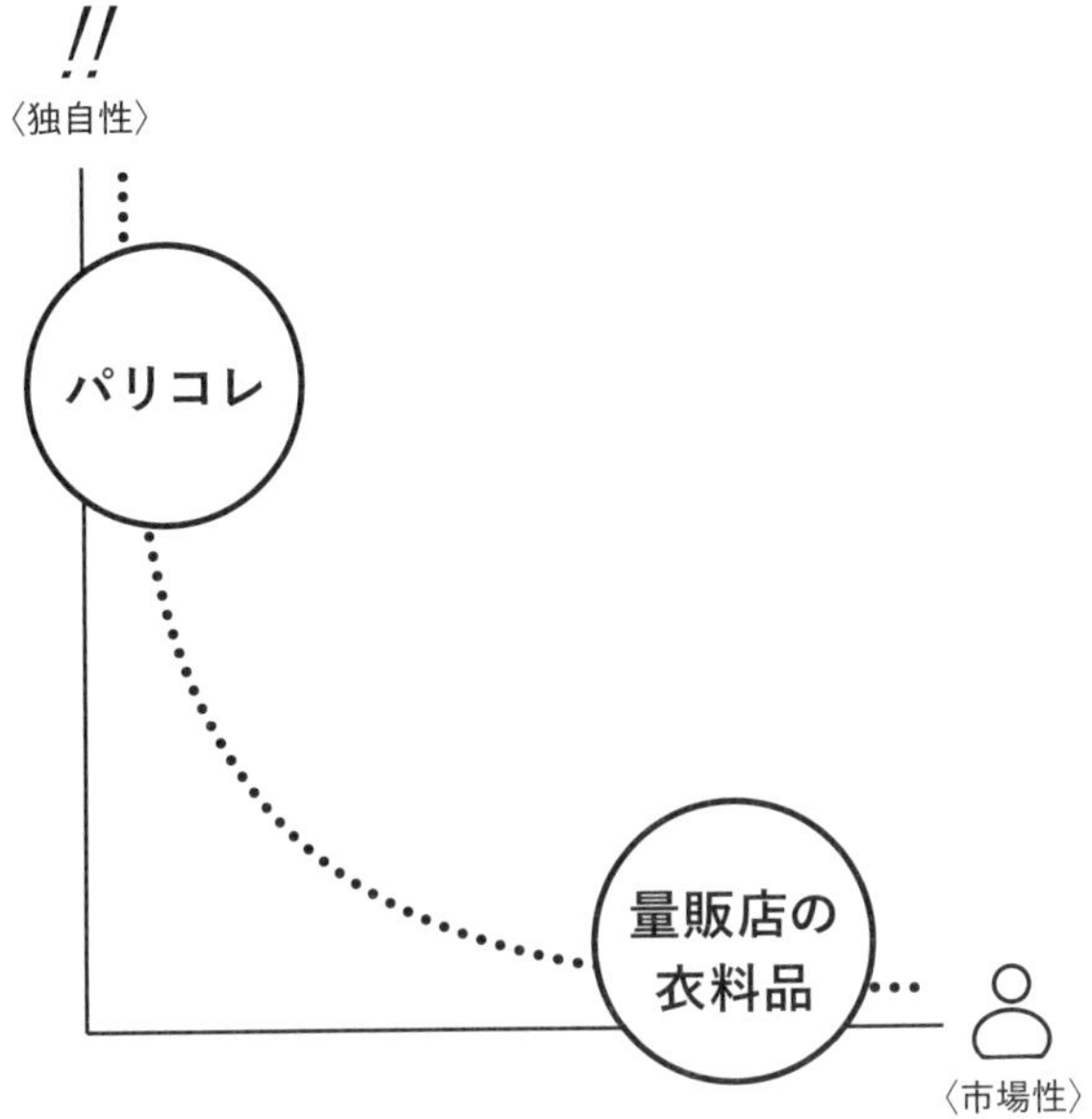

例：ファッション

このような傾向はあらゆるテーマに
当てはまる

アイデアの手順

〈独自性〉と〈市場性〉の両立に対して、どのようにアプローチしていくべきか。結論から述べると、以下の3ステップで事業の中核となるアイデアを手に入れることができる。

① 発想する：〈独自性〉の創出
② 定める　：〈市場性〉の要件化
③ 見極める：要件を満たす〈独自性〉の選択

この3ステップは、先の〈独自性〉と〈市場性〉の関係を示した次頁の図「アイデアの手順」で説明することができる。

「①発想する」は、〈市場性〉のことは横に置き、図の左上の領域の〈独自性〉から考える。

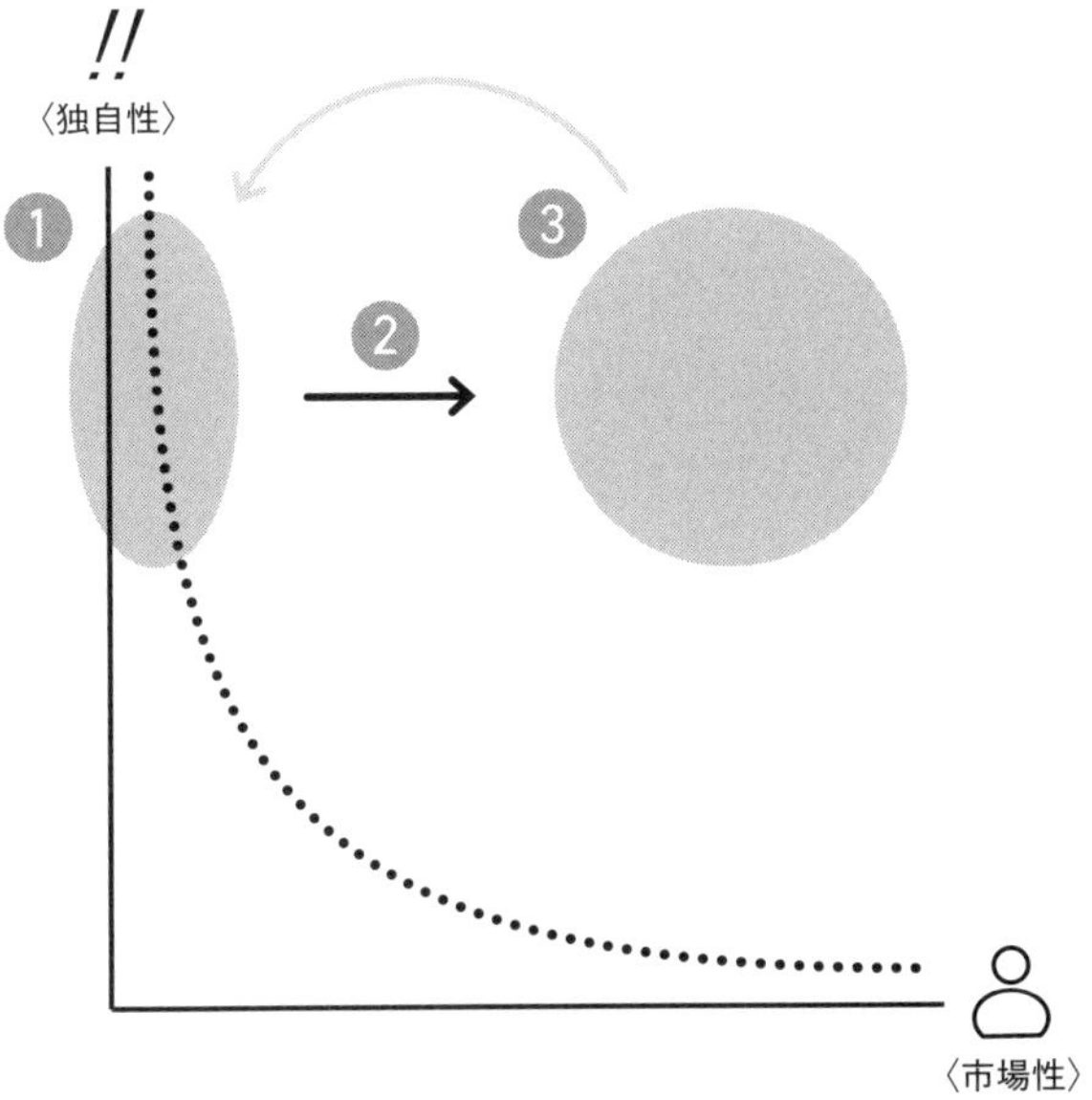

1. 〈独自性〉を発想する
2. 〈市場性〉の要件を定める
3. 要件を満たす〈独自性〉を見極める
（満たせなければ戻る）

アイデアの手順

〈独自性〉の発想から始めるのが鉄則

「②定める」は、左上から右上にシフトさせるために必要な〈市場性〉の要件を洗い出す。

「③見極める」は、手元にある〈独自性〉が〈市場性〉の要件を満たすかどうかを検証する。満たしていればその〈独自性〉を選択、満たしていなければまた「①発想する」に戻る。

〈独自性〉と〈市場性〉の両立を目指す上で回避すべき点がある。それは図の右下の〈市場性〉からアイデアを考えるアプローチだ。典型例にマーケットリサーチやユーザヒアリングがあるが、これらには致命的な欠点がある。それはあなたが既存の「正しい」情報で満たされてしまうことだ。

この正しい情報は〈独自性〉を殺してしまうおそれがある。〈独自性〉と「正しさ」は極めて相性が悪い。次章で詳しく述べるが〈独自性〉には非合理さが必要だ。世の中の常識に照らし合わせると正しくない、ある意味で間違った要素が〈独自性〉には求められる。図の右下の領域から持ち上げるのは想像以上に難しく、大きな重力が発

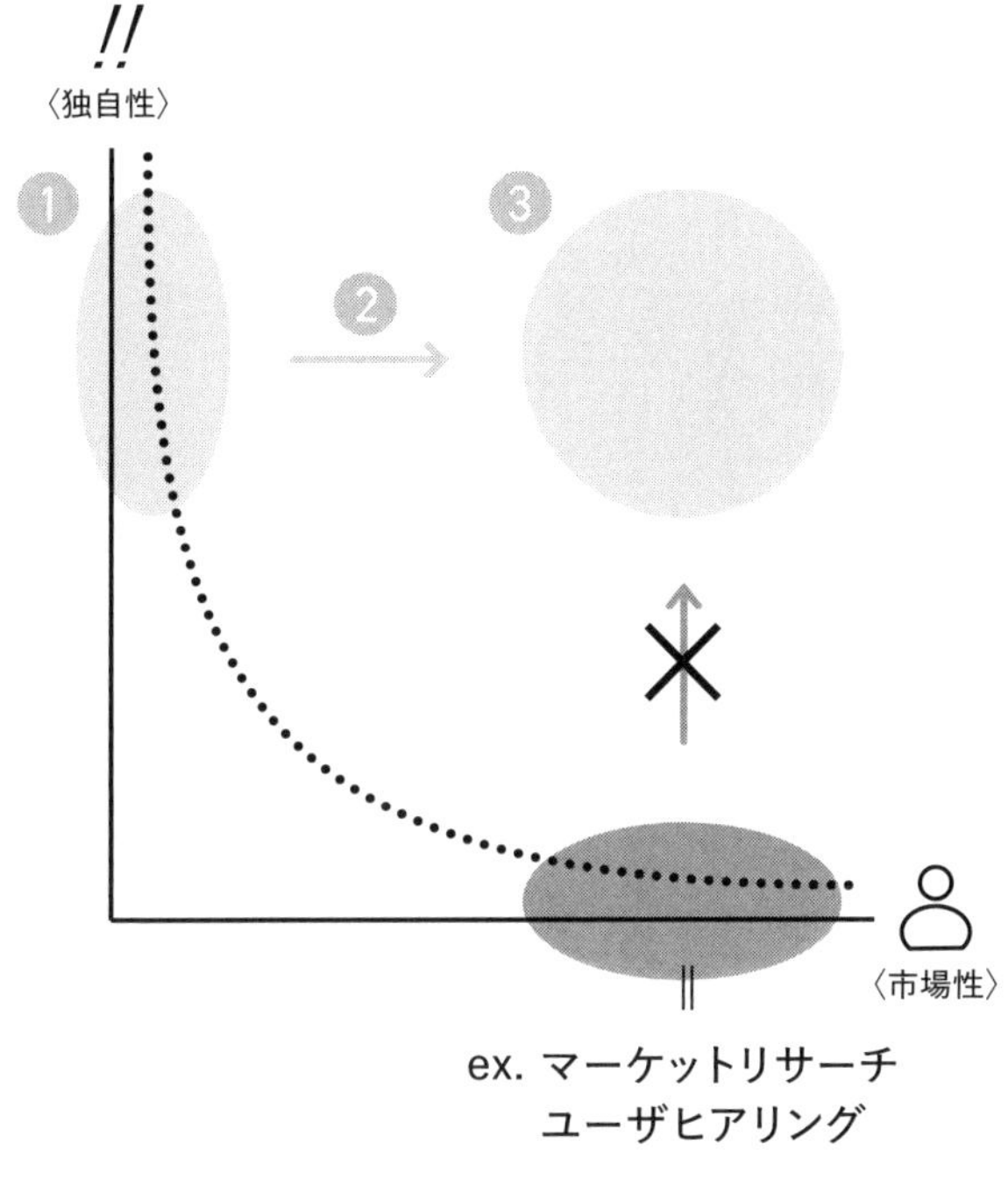

正しくない順序

〈市場性〉から考えると
〈独自性〉を殺してしまうおそれがある

生している。正しい情報の誘惑に屈しないことを、肝《きも》に銘じてほしい。

制約条件の確認

実際にアイデアづくりに着手する前に、あなたにどのような制約条件が存在するのかを確認しよう。その理由は大きく2つある。ひとつはノックアウトファクター、つまり条件を満たしていなければ即ボツになる条件を明確にしたいから。もうひとつは、次章以降で解説する〈独自性〉を生み出すための起点にできるからである。制約という表現には可能性を狭められる印象があるが、むしろ逆だ。制約があったほうが発想はしやすく、〈独自性〉の起点となることも多い。

精査すべき制約条件は「目的」「範囲」「資産」の3つに大別できる。

「目的」は自社が目指す方向と位置を指す。理念や文化といった不変的な企業活動の礎《いしずえ》になっている目的から、ビジョン・ミッション・バリューといった節目で見直される目的、中期計画や戦略といった具体的な目標を定めるものまで、様々な目的が存

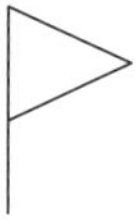

目的：自社が目指す方向と位置

ex. ビジョン、事業計画

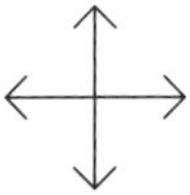

範囲：アイデアの検討範囲

ex. 新規／既存、国内／海外

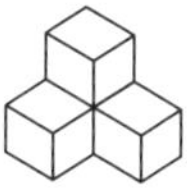

資産：活用すべきリソース

ex. 技術、顧客基盤

制約条件

発想の前に押さえておくべき前提

在する。またあなたが属する部署でも同様に、事業方針や計画があり、おそらく固有の目的も設定されているであろう。このような目的の中で、どの目的と合致しておかなければならないのか明らかにしておきたい。

「範囲」とはあなたが検討するアイデアの範囲を指す。今回の検討範囲は既存領域なのか、それとも新規領域なのかをまず明確にする。この領域にも複数の切り口があり、業界・業種といった事業領域や国内外などの地理的領域、顧客や提供内容で規定される市場領域などが挙げられる。

「資産」とは会計上の狭義の資産ではなく、ヒト・モノ・カネや顧客、情報、技術などの広義の資産を指す。これらの資産を活かすことが制約条件になることも多く、総じて「強みを活かす」と表現される。

これらの制約条件は、**MUSTとWANTの2つに分けて精査する。**MUSTとは単語の意味の通り、必ず満たさなければならない条件である。一方でWANTは、満たすことができればよりよい制約条件を指す。例えば自社の技術を活かすことはMU

MUST：必ず満たすべき条件

WANT：満たすとよりよい条件

制約条件の大別

MUSTとWANTの2つに分けて整理する

STなのか、それとも活かすことができればベターなのかをクリアにしておきたい。自社技術を活かすのは当然MUSTだと考えるかもしれない。しかし、自社技術を活用していないが〈独自性〉と〈市場性〉が両立するアイデアが目の前に現われるとどうだろうか。あなたの答えは変わるに違いない。以上の点を踏まえて、制約条件を適切に定めたい。

最後に本章の要点をまとめる。アイデアづくりの原則として、4つのことを述べた。

①アイデアの基準を定めることから始める

②ビジネスづくりにおけるアイデアの基準は、〈独自性〉と〈市場性〉の両立である

③両立させるアイデアは、〈独自性〉からアプローチする

④アイデアづくりに着手する前に制約条件を明確にする

次章では〈独自性〉のつくり方を解説する。

序章まとめ

アイデアの公式

基準	〈独自性〉と〈市場性〉が両立する
手順	〈独自性〉から考えて〈市場性〉を満たす

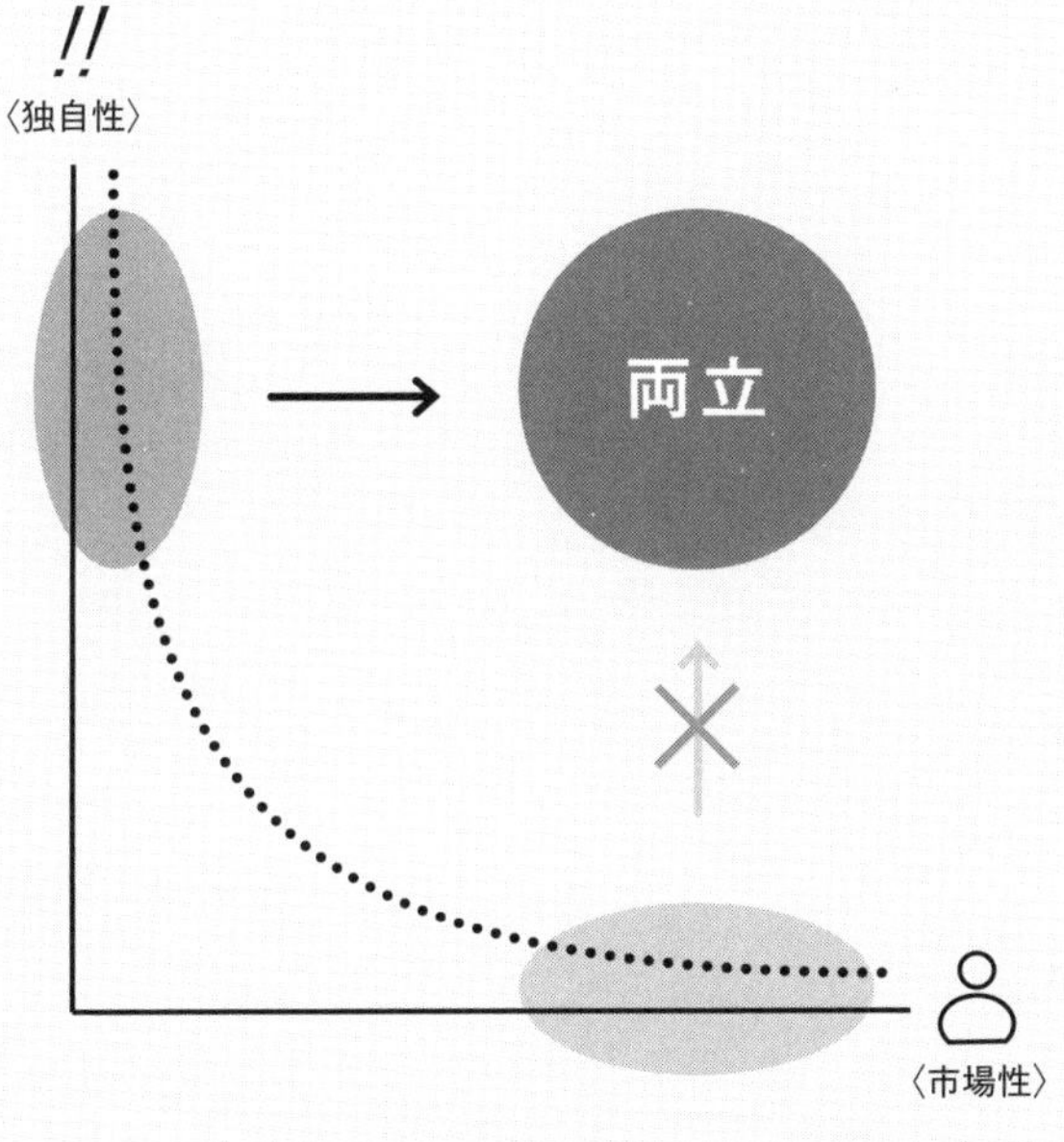

第1章 発想する

――〈独自性〉の創出

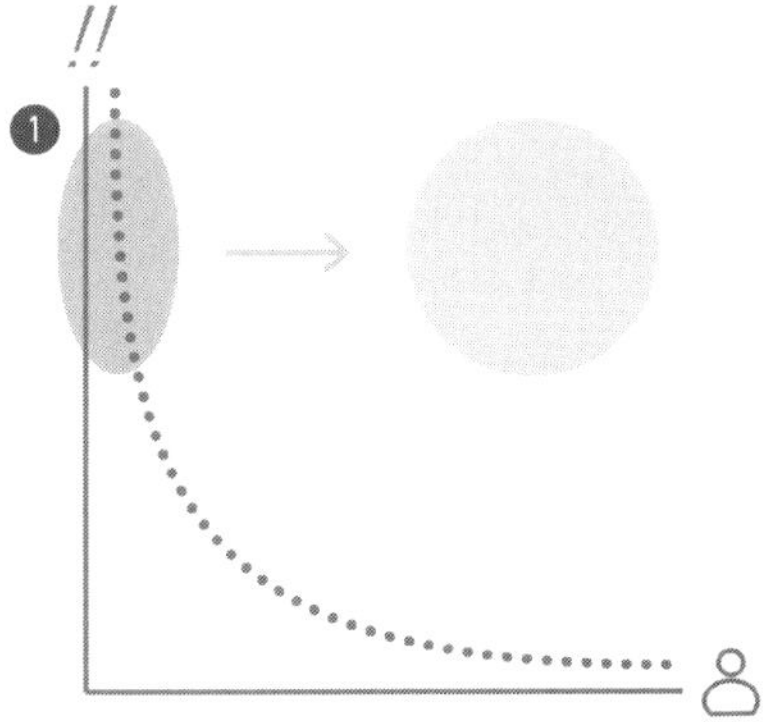

着眼点で勝負する

アイデアづくりの最初のステップは、〈独自性〉の創出である。この〈独自性〉なくして新たなビジネスで勝つことはあり得ない。ここでの〈独自性〉とは、

① 競合と差異がある
② その差異が圧倒的に大きい

この2つを満たすアイデアと定義する。

「圧倒的な差異」を具体的にイメージしてもらうために、掃除機のルンバを例に挙げる。ルンバには従来の掃除機と決定的な違いがある。今では当たり前のように思われているが、それは「**自動**」であるということだ。これまでの掃除機は「手動」を前提にしていたが、ルンバは人の手を介することなく、自動での掃除を実現し〈独自性〉

手 動

↓

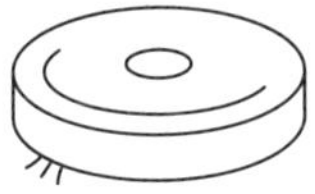

自 動

着眼点で勝負する

「自動」という着眼点で掃除機を
発想できるか

を築いた。

この偉大さにピンとくるであろうか。もう少し突っ込んだ話をしてみたい。もしあなたが掃除機メーカーの開発担当だったとする。上司に新しい掃除機を企画せよ、と指示されたらどのような掃除機を考えるだろうか。そのときに「自動」という視点で発想することができるだろうか。おそらく、吸引力や軽さ、コードレスなど、「手動」を前提にした掃除機を企画するはずだ。

このルンバの事例には大きな学びがある。それは「手動」ではなく「自動」という着眼点で、〈独自性〉の勝負がついている点である。

逆に言うと、「手動」の中で考えたアイデアはどんぐりの背比べであり、〈独自性〉を得ることはできない。つまり、**着眼点こそが〈独自性〉の源泉**なのである。闇雲《やみくも》にアイデアを考えることを禁じ、着眼点で勝負することを固く誓うべきである。

〈独自性〉のつくり方

この**〈独自性〉の源泉となる着眼点を「新常識」**と呼ぶ。この新常識をつくり出すことができれば、ルンバのように着眼点で勝負することができる。実はこの新常識にはシンプルな公式がある。それは、

A（常識）→ B（新常識）

である。ルンバを公式に当てはめると、

手動 → 自動

となる。この公式にはひとつだけ注意点がある。それは**A（常識）とB（新常識）を対義語、つまり真逆の単語でシンプルに記述することだ。**対義語で考えることで、強

A	→	B
Before		After
これまで		これから
常識		新常識

〈独自性〉の公式

新常識は常識と対で記述する

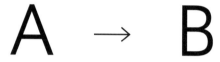

制約に思考を単純化することができ、アイデアの本質が浮きぼりになる。

この公式からアイデアを生むのには以下の3つのレベルがある。

L1　理解：公式を理解する
L2　記述：新常識を公式で記述する
L3　発想：新常識からアイデアを発想する

あなたはもう既にL1をクリアしている。「公式　A→B」と「対義語で示す」、この2点が理解できればOKだ。

L2では、具体的なアイデアに対する新常識を公式で記述できるようになる必要がある。いくつかイノベーティブな商品やサービスを例に挙げるので練習してみよう（なお、L3については55頁以降で述べる）。

L1：理解

公式を理解する

L2：記述

新常識を公式で記述する

L3：発想

新常識からアイデアを発想する

公式の活用レベル

公式を活用しアイデアを
発想することがゴール

ダイソンとXの新常識とは

ひとつめはダイソンの扇風機だ。公式に従ってA（常識）→B（新常識）で記述してみてほしい。対義語で記述することを忘れずに。答えは、

羽根あり → 羽根なし

次のような記述の仕方もあり、短い単語で、記述しやすいほうを選択すればよい。

羽根（着眼点）：あり（常識）→ なし（新常識）

続いてはジャンルを替えて、SNSにしよう。X（旧Twitter）の新常識を記述してみてほしい。今では当たり前のサービスだが、リリース当時はどのような新常識があっただろうか。ヒントは、当時はFacebookやmixiが主流であった、

だ。答えは、

投稿コンテンツ：大　↓　小

もう少し具体性を持たせて、

文字数：多　↓　少

としたほうが分かりやすいかもしれない。

Xの特徴のひとつは、投稿の文字数が140文字に制限されていることだ。これはイノベーションと呼ぶに相応しい新常識だったのだが、理解できるだろうか。当時は、ブロードバンド普及の真っ只中であった。それに伴い、テキストだけでなく画像も投稿対象となった。この流れは加速すると誰もが考え、**テキスト　↓　画像　↓　動画**と進んでいくのは必然だと思われていた。公式で表現すると、**プアコンテンツ　↓　リッチ**

コンテンツというトレンドとなる。

このトレンドに対してXは、１４０文字という制限を行なった。にもかかわらず、現在の一日のアクティブユーザは２・５億人（２０２４年3月18日現在）。当時のトレンドと真逆の投稿スタイルを提示し、巨大ＳＮＳプラットフォームとなった。まさに着眼点で勝負が決まった事例である。このように、新常識は従来の常識の反対側にあるものだが、それが出た後には「当たり前」に思われているものである。だからこそ新「常識」なのだ。

メルカリは何が新しかったのか

もうひとつ、身近なサービスで練習してみよう。お題はメルカリである。何が新しかったのか。私たち生活者に、どのような行動の変化をもたらしたのかを考えてみてほしい。答えは、

BtoC↓CtoC

別の表現をすると、

購入先：法人↓個人

私たちが何か購入をするとき、お店（法人）から購入するのが一般的である。それに対して、メルカリは個人から買うことを日常にした。もしかすると、ヤフオク！（現Yahoo!オークション）などのオークションサイトが既にあった、という指摘があるかもしれない。

メルカリとヤフオク！の一番の違いは、購入方法である。公式で表現すると、

競争あり（1：N）↓競争なし（1：1）

ダイソン扇風機	：	**羽根あり**	→	**羽根なし**
X（旧Twitter）	：	**多**	→	**少**
メルカリ	：	**B to C**	→	**C to C**

新常識例

イノベーティブなビジネスには必ず
新常識が存在する

となり、メルカリは当時のＣ ｔｏ Ｃに対して、新常識を提示したと考えることもできる。

このように記述すると、着眼点の鋭さが伝わりにくいかもしれない。思い出してほしいのは、掃除機の企画でルンバを発想できたか、という点だ。同様にオークション形式が全盛のときに、価格で競わせないプラットフォームを発想できたか。または発想できたとしても、現在のような巨大プラットフォームになるイメージを持つことができたか、ここが大事なポイントである。

ＡＫＢ48の新常識を考えてみる

最後にひとつ、取り組んでほしい問題がある。お題はアイドルグループのＡＫＢ48。これまでの問題と違うのは、答えが複数あることだ。様々な新常識が潜んでいるので、できるだけたくさんの新常識を出すことにトライしてみてほしい。ＡＫＢ48が当時話題になったことを思い出すと考えやすい。

解答① 人数：少 ↓ 多

当時のアイドルグループは10人未満が一般的だった。それに対して、ＡＫＢ48は48人。分かりやすい新常識である。この新常識をグループ名にしていることや、拠点である秋葉原を表現するアルファベットと組み合わせて記号化していることも秀逸である。

解答② 距離：会えない ↓ 会える

これまでのアイドルは、「会えない」「手が届かない」からこそアイドルであった。それに対してＡＫＢ48は、「会いに行けるアイドル」を活動方針にし、秋葉原に劇場を開設し公演を行なっている。

解答③ ＣＤ：音楽 ↓ 非音楽

当時、シングルの選抜メンバーを「ＡＫＢ48選抜総選挙」というイベントで、ファン投票によって選んでいた。なぜこのようなイベントを開催するに至ったのか。それは、プロデューサーが選抜するメンバーへのファンの不満を解決するために企画された業界初の試みであった。

このファン投票では、直前に発売されるシングルCDに封入されている投票券が必要であった。一般的にCDの購入目的は音楽を楽しむためである。しかし、このイベントでは投票（非音楽）のためにCDを購入する、という新常識が生まれている。この新常識はファンの不満を解決するだけでなく、CDの売上を飛躍的に向上させ、開票イベントの開催地においても大きな経済効果を生むことに成功した。

解答④　センター：実力 → 非実力

アイドルグループのセンターの常識は、名実を兼ね備えているメンバーが担当する。それに対してAKB48は「AKB48シングル選抜じゃんけん大会」というイベントを開催し、じゃんけんによって次のシングルの選抜メンバーを決める機会を設けていた。これはAKB48選抜総選挙が知名度の高い人気メンバーが有利、上位の顔ぶれがほとんど変わらない、という声に対して考案されたものである。このイベントもTVで生

人数：	少数	→	多数（48人）
距離：	会えない	→	会える
CD：	音楽	→	非音楽（ファン投票券）
センター：	実力	→	非実力（運）

⋮

AKB48の新常識

新常識はひとつとは限らず、
複数存在することも多い

中継されるほどの反響を生み、大きなビジネスインパクトをつくることに成功している。

ところで、本書でなぜＡＫＢ48を取り上げたのか。それはＡＫＢ48ほどの大きなインパクトを生んだイノベーティブな試みには、新常識が複数潜んでいることを伝えたかったからである。

さらにいうと、その新常識が個別に独立しているのではなく、それらのコンビネーションによって、より大きなインパクトを生んでいることにも注目してほしい。例えば、「メンバー数：多数」と「会える」という新常識には明確な必然がある。会えるアイドルグループとして秋葉原の劇場で毎日公演を行なうには、48人で分担するのが現実的である。総選挙やじゃんけん大会についても、48人という多数のメンバーがいないと成立しない。つまり、他のアイドルグループがやりたくてもやれない、〈独自性〉を築くことに成功している。

新常識から「具体」を発想する

これまでは「ルンバ」という具体から、「手動→自動」という〈独自性〉の源泉となる着眼点を記述していた。次のL3ではその逆を行なう。ルンバなら「手動→自動」の「自動」から、家中を走り回る「円盤型の掃除機」というアイデアを発想するのである。

どれだけ着眼点が鋭くても、この「具体」がなければただの抽象論でビジネスには何の役にも立たない。新常識という抽象概念にアイデアという具体が伴って、はじめて〈独自性〉が生まれるのだ。

着眼点 ： 手動 ⟶ 自動

▼

アイデア ： 円盤型の
ロボット掃除機

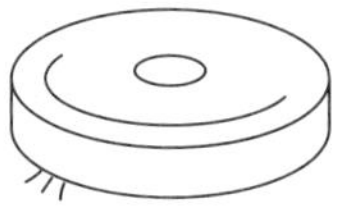

〈独自性〉の公式から
発想：ルンバ

「自動」という新常識からロボット
掃除機を発想

理解を深めるために、2023年に発売されたパナソニックの「ラムダッシュ パームイン（以下パームイン）」という電動シェーバーをとりあげたい。このシェーバーの特徴は、持ち手部分を丸ごとなくした小型化にある。公式で記述すると、

持ち手：ある → ない（ヘッドのみ）

である。一見すると新常識はこれだけに映るが、決してそうではない。小さいからこそ実現できる以下のような新常識が潜んでいる。

未使用時：仕舞う → 仕舞わない

「仕舞わない」という着眼点に対するアイデアとして、2つのことに着目した。それは「**色**」と「**置台**」である。シェーバーの色といえば黒が常識だが、パームインは黒だけでなく白を展開している。商品画像を見ると、メインには白が採用されており、

パナソニック「ラムダッシュ パームイン」

黒よりも白を推していることが分かる。洗面室のインテリアは一般的に白系である。「仕舞わないシェーバー」という新常識からすると、洗面室の色に合わせるのが合理的であり、白は新常識から発想されたアイデアともいえる。

このパームインには、専用のお皿のような置台が用意されている（厳密には公式WEBサイトから購入者が応募するキャンペーンのプレゼント企画）。この置台は、「仕舞わないシェーバー」という新常識からすると非常に効果的である。日常的に使用しているユーザとして私見を述べると、この置台の有無で仕舞うかどうかが大きく変わってくる。置台がない状態で洗面台に置くと、片付け忘れているかのような印象になるのだが、置台があると不思議と洗面台に飾られた印象となる。

この事例をまとめると、「アームレス」による小型化だけでなく「仕舞わない」という新常識に対して、「白色」「置台」という具体アイデアでシェーバーを実現。発売8カ月でシリーズ累計販売数10万台（2024年4月現在）という大ヒット商品をつくりあげることに成功している。

［未使用時］

着眼点：**仕舞う ⟶ 仕舞わない**

▼

アイデア：**アームレスシェーバー**

（白色／置台付き）

ラムダッシュ パームイン

「アームレス」という小型化には

「仕舞わない」という新常識が潜んでいる

ミドリをおすそわけするプランター

次の事例は、植物を育てることができる土の代替素材「パフカル」というスポンジ素材である。この素材を開発したサントリーミドリエ株式会社（現トヨタサントリーミドリエ（上海）園芸有限公司）がデザインコンテストを主催し、パフカルを活用した商品アイデアを求めていた。このコンテストで入賞するためには、パフカルの従来の強みとは一線を画す、新常識を提示できるかにかかっていた。

ミドリエが提示するパフカルの主な強みは「よく育つ」「（土ではないので）汚れない」であった。それに対して考えた新常識は以下である。

植物：分けられない → 分けられる

通常土に植えられた植物を人に分けるためには、植え替えが必要である。しかしこのパフカルであれば、素材ごと切り分けることができると考えた。その新常識を起点

土に代わる新素材「パフカル」

素材ごと切り分けられるという強みを発掘

［ミドリ］

着眼点 ： 分けない ——→ 分ける

▼

アイデア ： ミドリをおすそわけ
できるプランター

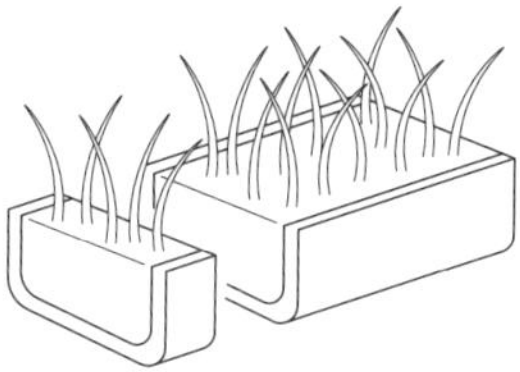

OSUSOWAKE

パフカルの新たな強みを発掘し、
唯一無二のプランターを提案

に考えたアイデアが「ｏｓｕｓｏｗａｋｅ」というプランターである。文字通り植物を「おすそわけ」できるという商品アイデアである。このアイデアは応募総数６００点以上の中から最優秀賞を獲得し、読み通り着眼点で勝負に勝つことができた。

事例：空港ギフトショップ「KIRI JAPAN DESIGN STORE」

最後にもうひとつ、ターゲットを着眼点にした空港ギフトショップの再生事例を紹介したい。依頼主は、羽田空港国際線ターミナルにある「ＫＩＲＩ ＪＡＰＡＮ ＤＥＳＩＧＮ ＳＴＯＲＥ」（当時の名称は「Ｄｅｓｉｇｎ Ｊａｐａｎ Ｃｕｌｔｕｒｅ Ｓｔｏｒｅ」）である。数年前（２０１３年当時）から売上がピーク時の３分の１まで減少し、半年後には撤退を迫られていた。

着目したのは、ショップの顧客ターゲットである。店長によると、帰国前にお土産を買う「外国人旅行者」と土日にショッピングセンターのように利用する「日本人非

リニューアル前の店舗

現在の店舗

空港ショップ
「KIRI JAPAN DESIGN STORE」

旅行者（週末ファミリー層）」の2つが当時の顧客層であった。前者には外国人しか買わないような小物が、後者には子ども向けの飛行機のおもちゃやTシャツ等が売れていた。どちらに狙いを定めるべきかが課題として伝えられていた。

2つの顧客層をヒントに、顧客を分類した結果が次頁の図「顧客分類とターゲット」である。縦軸に、旅行者／非旅行者、横軸に、日本人／外国人とすると、左上に「外国人旅行者」、右下に「週末ファミリー層」が該当する。この分類を基に新常識として考えたターゲットが「日本人旅行者」である。公式で示すと以下となる。

ターゲット：外国人旅行者 → 日本人旅行者

この新常識から発想したアイデアが、**日本人旅行者が海外にお土産を持っていくためのギフトショップ**である。海外出張のビジネスパーソンがターゲットである。空港での待ち時間を使って、日本を誇れる気の利いたお土産が買えるショップに、ニーズがあるのではないか、と考えた。「日本の伝統工芸品や優れたデザインプロダクトを

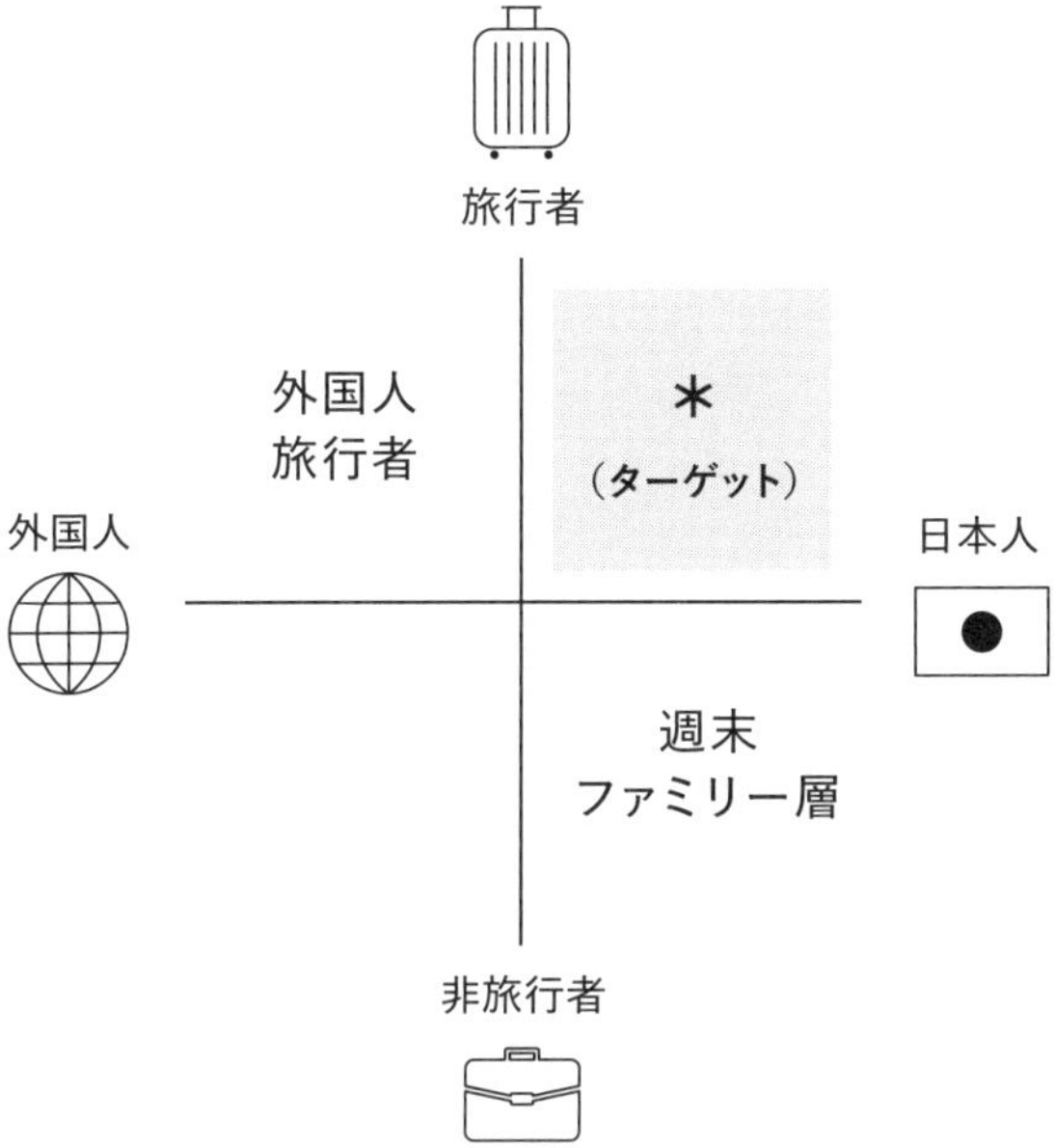

顧客分類とターゲット

「日本人旅行者」というターゲットの新常識を発想

販売したい」という店長の秘めた想いを実現できるのも魅力的であった。

詳細は割愛するが、この新常識とアイデアを基に商品を半分以上入れ替え、店内レイアウトや什器《じゅうき》のデザインを行なった。その結果、売上の昨対比は150%を記録し、無事V字回復を果たすことができた。それ以降ショップは順調に売上を伸ばし、メインフロアに移転することが決定。関わってから、実に売上を3倍以上に伸ばすことに成功した。

［ターゲット］

着眼点（抽象）：外国人 ⟶ 日本人

▼

アイデア（具体）：Departures Gift Shop
（海外渡航者向けギフトショップ）

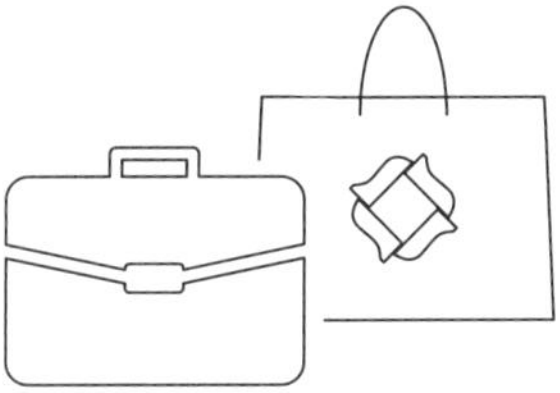

KIRI JAPAN DESIGN STORE

海外出張者に「日本を誇れるお土産」が買えるショップを提案

第1章まとめ

〈独自性〉の公式

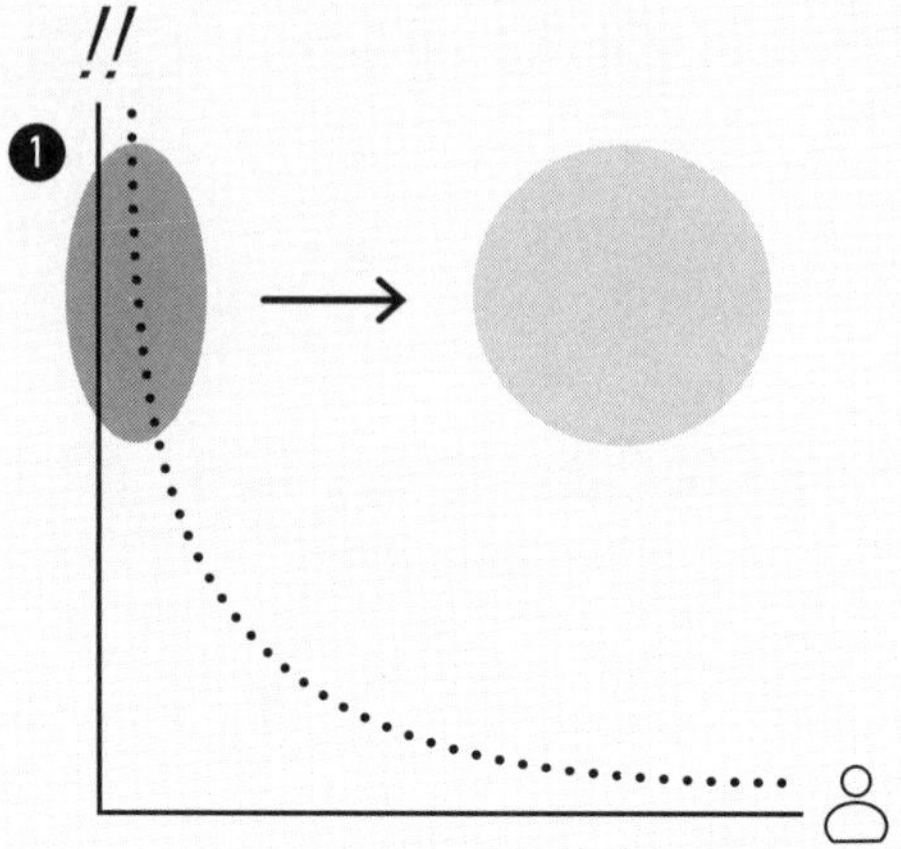

A → B

常識　　　新常識

✓ 新常識は常識と対で記述する

✓ 新常識からアイデアを発想する

第2章

定める

——〈市場性〉の要件化

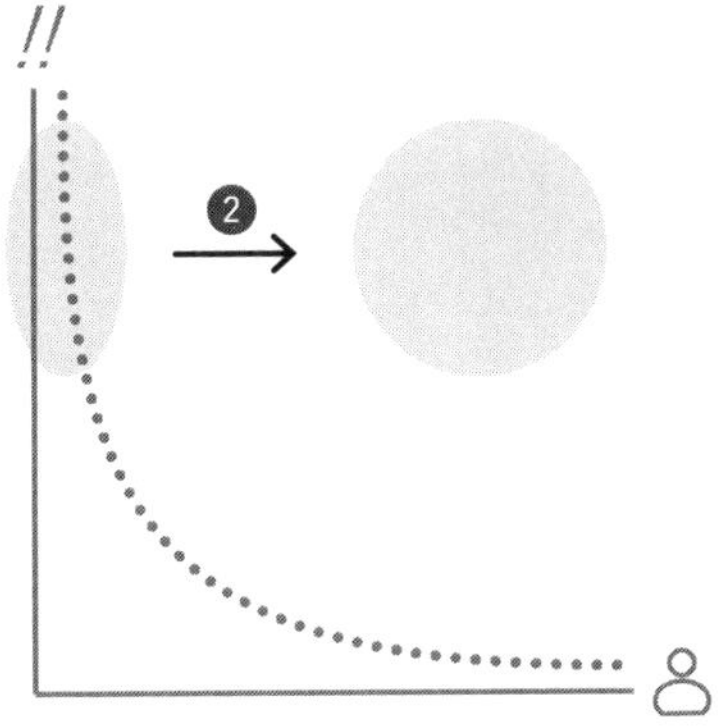

〈市場性〉の3要件

本章では、**アイデアの公式の左上から右上にシフトさせる**（前頁図参照）**ために必要な〈市場性〉の要件の定め方**を解説する。序章で「〈市場性〉とは顧客数である」と述べたがその補足から始めたい。

市場の大きさは［顧客数］×［価格］で表わすことができ、［顧客数］と［価格］のどちらかを上げることで、〈市場性〉を高められる。しかし、［価格］は［顧客数］に比べるとコントロールできる余地が圧倒的に小さい。なぜなら［価格］は、「コストの積み上げ」と「他社との比較」によって決めなければならないからである。〈独自性〉が高ければ、他社よりも高い価格を設定できるが、それでも限度がある。［顧客数］と比べるとその自由度は小さい。以上から、本書では〈市場性〉≒［顧客数］として、［顧客数］を増やすことに焦点を絞る。

［顧客数］を増やすために必要な要件は多岐にわたる。しかし、本書は「シンプルか

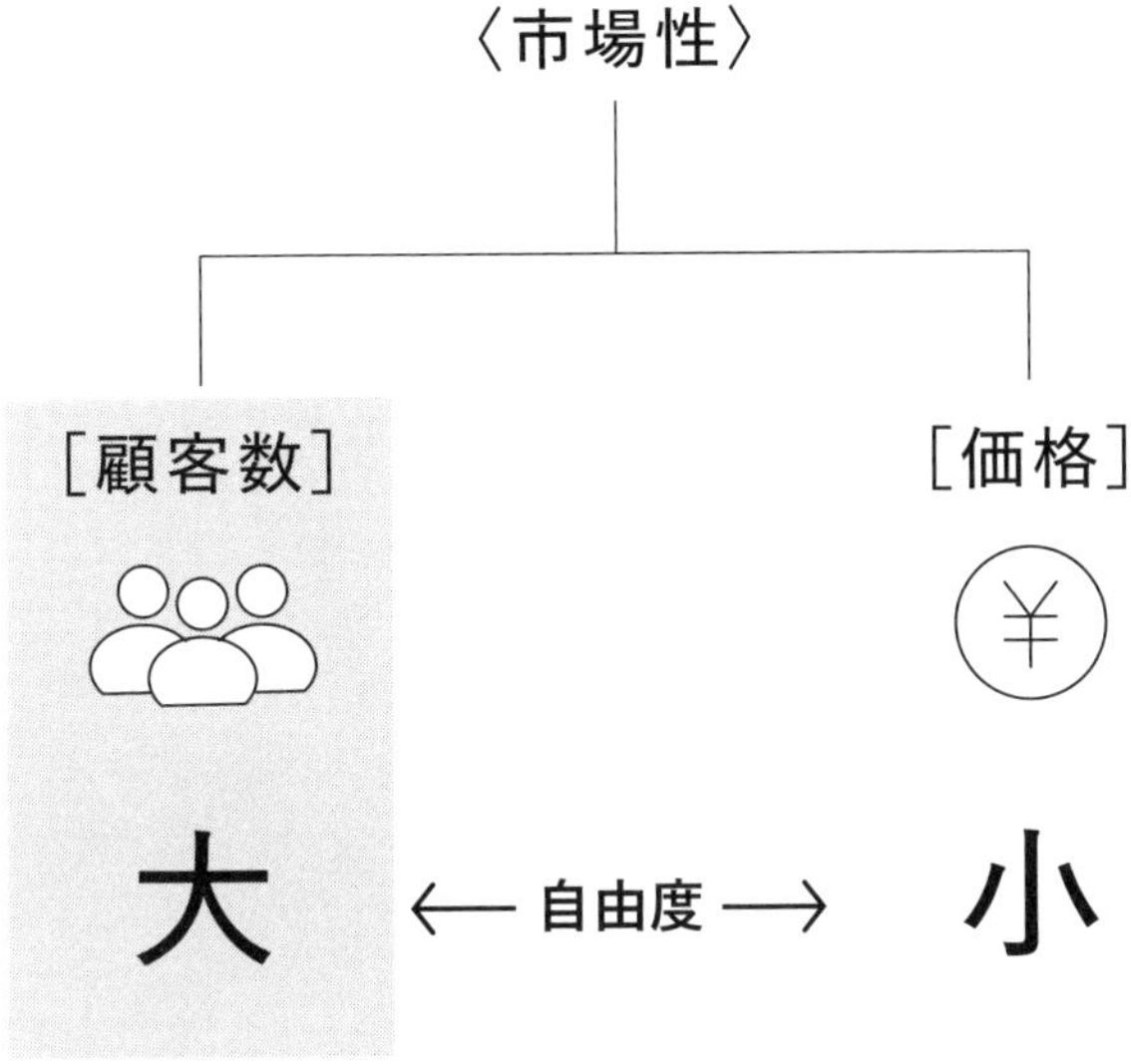

〈市場性〉の前提

[価格]の自由度は小さいため、
〈市場性〉≒[顧客数]とする

つ一般的に表現」され、「身につければ誰でも使える」公式を目指しているため、以下の3点を最小限の要件とする。

①［対象］：渇望者が発掘できる
②［認知］：認知させる手段がある
③［動線］：購入までの動線を描ける

この3つの要件だけを眺めると、本当にこれだけでよいのか、抜け漏れがないのかといった唐突な印象を受けるかもしれないが、この3つは、［顧客数］を増やすために必要な全体像を規定している。たとえるなら①が主語、②③が述語にあたり、次頁の図のように示すことができる。

あなたが最近購入した新ジャンルの商品を思い出してほしい。その商品を購入するまでに、まずはその商品の存在を「知る（認知する）」ことから始まった。そして、その商品の詳細を調べたり、他の商品と比較しながら購入することを決定。最終的にど

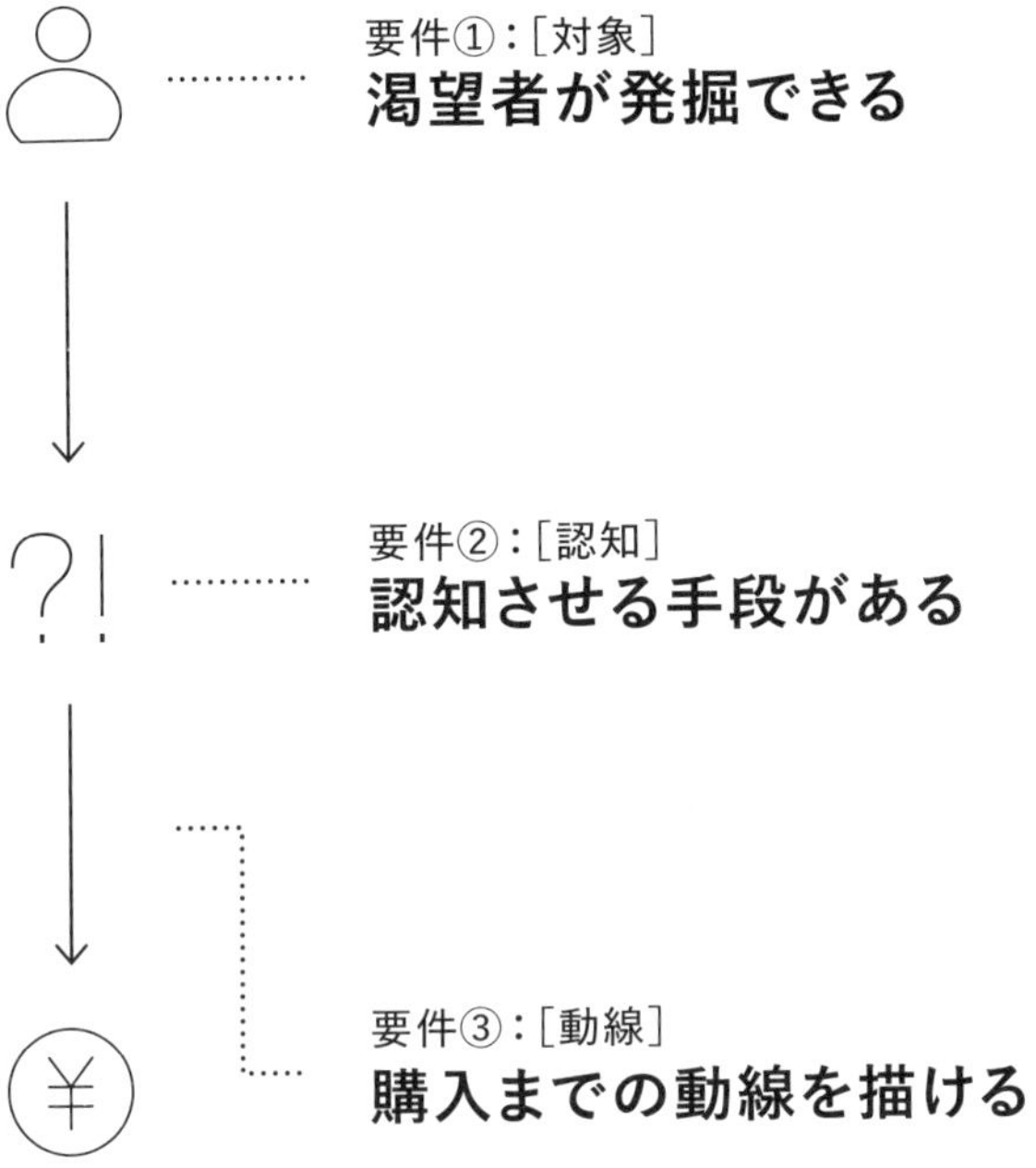
要件①：［対象］
渇望者が発掘できる
要件②：［認知］
認知させる手段がある
要件③：［動線］
購入までの動線を描ける

〈市場性〉の3要件

〈市場性〉の有無を確認する
3つのチェックポイント

こかの売り場で「購入」することで商品を手に入れたはずだ。この「知る」から「購入」までのプロセスが②「認知」、③「動線」であり、その主語が①「対象」に該当する。このように［顧客数］を増やす、つまり〈市場性〉の有無を判断するために［対象］［認知］［動線］の3要件を押さえる必要がある。以下、それらの詳細を見ていこう。

要件①：対象――渇望者が発掘できる

まず初めに確認すべきは、あなたのビジネスの［対象］つまり「誰が購入するのか」である。〈独自性〉が高いほど〈市場性〉つまり顧客数が小さくなることは既に述べた。〈独自性〉が高いことが前提であるが、顧客数がゼロではビジネスにならない。あなたが考える〈独自性〉ある商品やサービスのアイデアを必要とする人がイメージできるのか、これが第一のチェックポイントである。

そのために必要な要件が〝**渇望者が発掘できる**〟である。渇望者とは、あなたが計

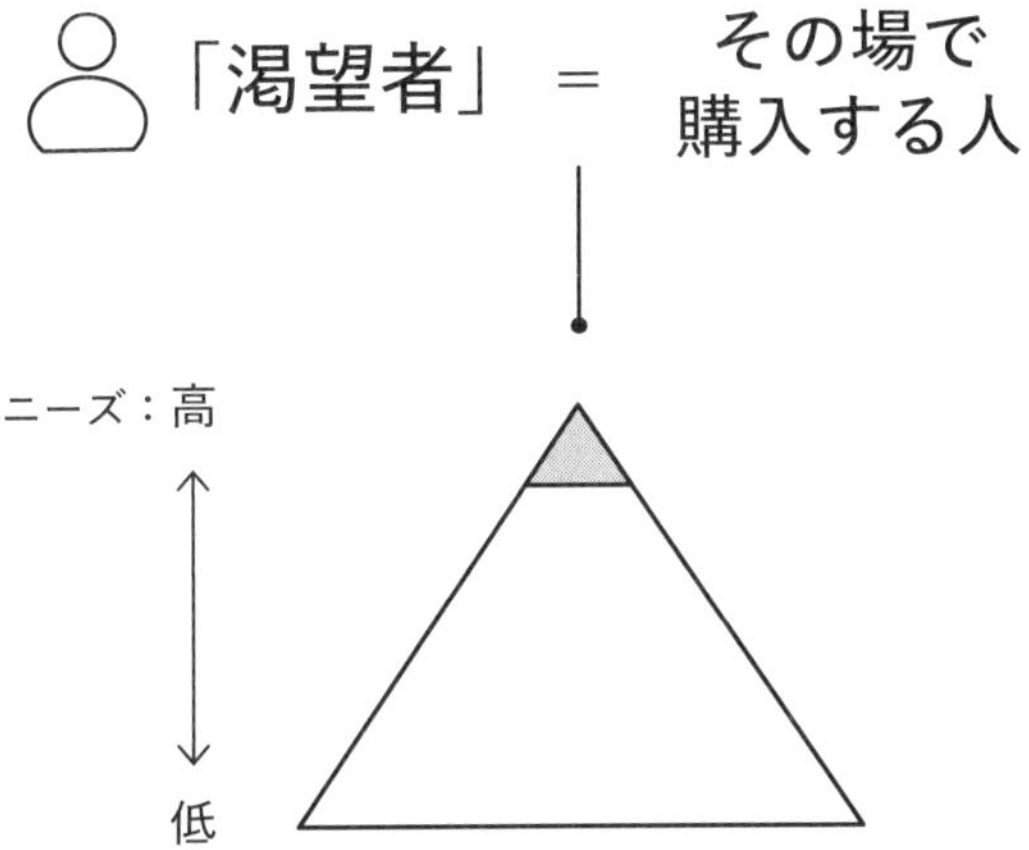

要件①：渇望者の発掘

数は少なくても高い確率で購入する
顧客候補が必要

画する商品やサービスを渇望する人、つまり**「その場で身銭を切ってでも必要とする人」**を指す。**ポイントは、ニーズの強さである。**「欲しい」「使ってみたい」程度のニーズでは渇望者とは言えず、「対価を支払うかどうか」が判断のポイントである。

この段階では、渇望者がどれだけいるかにはこだわらない。極論すると、一人でもいい。なぜなら、〈独自性〉を追求した商品・サービスは、顧客が明確でないことも多く、潜在ニーズを掘り起こすことから始めなければならないからである。そのために必要なのが、数は少なくても高い確率で購入する顧客候補、つまり渇望者の存在である。

2歳の息子のために開発したストライダー

渇望者の発掘から〈市場性〉を高めたビジネスは少なくない。その例のひとつはストライダーである。ストライダーとは、ランニングバイクと呼ばれる幼児向けのペダルとブレーキを取り除いた自転車の代表的なブランドである。このランニングバイクは、創業者のライアン・マクファーランドが、ペダルが漕げない2歳の息子のために開発したのが始まりとされている。ここでの渇望者は誰だろうか。それはライアン自身である。息子が乗れる自転車が欲しいという想いで開発したランニングバイクが、いまや2100億円の市場規模を誇るまでに至り、〈独自性〉から〈市場性〉を高めた理想的な例といえる。

このような例は枚挙《まいきょ》にいとまがない。個人が所有する空き部屋や家を短期で貸し出すオンラインプラットフォームサービスのAirbnb（エアビー）は、サンフランシスコで開催される大きなデザイン会議に参加する人々がホテルの予約が取れず困っていることを知り、自分たちのアパートの空いている部屋を提供することを思いついたのが始まりである。配車プラットフォームサービスのUberは、創業者のトラビス・カラニックとギャレット・キャンプが、パリで開催される会議の帰りにタクシーがつかまらず困り、スマートフォンで簡単にタクシーを呼べるサービスを思いついた。アクションカメラのGoProは、創業者のニック・ウッドマンが、サーフィン中に高品質な写真を撮りたいと考え、自分自身で持ち運びしやすい防水カメラを開発した。

このように、新たな市場を形成した商品・サービスの多くは、渇望者の存在から始まっていると言っても過言ではない。

渇望者発掘のメリット

渇望者を発掘するメリットは大きく3つある。

1点目は〈独自性〉に自信が持てることだ。〈独自性〉のジレンマのひとつは前例がないことである。そのため、根拠のない自信はあっても、確固たる拠《よ》り所がない状態が続くのが〈独自性〉の宿命だ。渇望者がいるかどうかは自信の持ち方に雲泥《うんでい》の差を生む。自信が持てることの価値は想像しにくいかもしれない。しかし、ビジネスづくりにおいて不安が消えることはなく、ビジネスづくりとはこの不安との戦いでもある。この不安をまず初めに和らげてくれるのが渇望者の存在である。

2点目は、他者への説得力である。ビジネスを実現するにあたって、社内外多くの人に商品・サービスを説明することになる。〈独自性〉は面白いと思ってもらえても、

〈独自性〉への自信
ビジネスづくりの不安を解消する

他者への説得力UP
聞き手にリアリティを感じさせる

顧客を増やす起点
強い支持を得て次の展開に活かす

渇望者発掘のメリット

渇望者の発掘が〈独自性〉と〈市場性〉の
両立の第一歩

聞き手にとって雲を摑《つか》むような内容に映ることも少なくない。その際に渇望者の存在が強力な説得材料となる。高確率で顧客となる存在を説明するだけで、聞き手の受け取り方は大きく変わる。

3点目は、顧客を増やす起点にできることである。発掘できた渇望者が一人のみで他にいないということはまずない。一人発見できれば少なくとも千人は存在していると考えてよい。渇望者が明確になることで、同様のニーズを持つ人の理解が深まり、渇望者への訴求が容易になる。その渇望者群から強い支持を得ることができれば、今後の展開の武器となる評判や実績を獲得することができる。このようなプロセスを経て一大市場を築いたのが先に挙げたストライダーやAirbnb、Uber、GoProである。

要件②：認知——認知させる手段がある

次に確認すべき要件は、顧客になるための最初のプロセスとなる［認知］である。

〈独自性〉ある商品やサービスを必要とする［対象］に〝**認知させる手段がある**〟かを問う。

ここで外せないポイントは**実現性**である。認知手段として最もイメージしやすいのは広告である。広告を出稿するには費用が発生するが、その費用が見込めないのであれば、ここでは認知手段があるとはいえない。ＳＮＳの活用も同様である。ＳＮＳを利用するのはハードルが低いが、自社のフォロワー数が少なければ思うような効果は期待できない。この場合も認知手段があるとはいえず、実現性はないと判断しなければならない。

その他にもいくつか認知手段の例を挙げる。あなたのビジネスアイデアが文具領域だとしよう。真っ先に挙がる手段は、展示会への出展かもしれない。なぜなら、バイヤーや文具に興味関心のある人が数日間にわたって一堂に会するからだ。あなたのビジネスがＢｔｏＢ領域であれば、それほど認知手段に困らないかもしれない。既存顧客リストを使用すれば事足りるからだ。ＢｔｏＢの商材がＷＥＢサービスであれば、検索をきっかけに認知することも十分に考えられる。その場合に有効な手段として、自社サイトを上位に表示させるSEOが候補として挙がる。このように事業領域や自社のリソースによって、認知手段や実現の難易度は大きく変わる。

要件③：動線――購入までの動線を描ける

最後の要件は、［認知］から［購入］までのプロセスを顧客視点で〝**動線として描ける**〟である。当然ながら、何かをきっかけに認知した商品を、即時に購入することは稀である。多くの場合は、購入までの間にいくつかのプロセスを経ることになる。家電を例に挙げると、以下のように動線を描くことができる。

［認知］→［理解］→［訪問］→［購入］

［認知］したあとにまずとる行動は、家電の詳細の［理解］である。最たる行動のひ

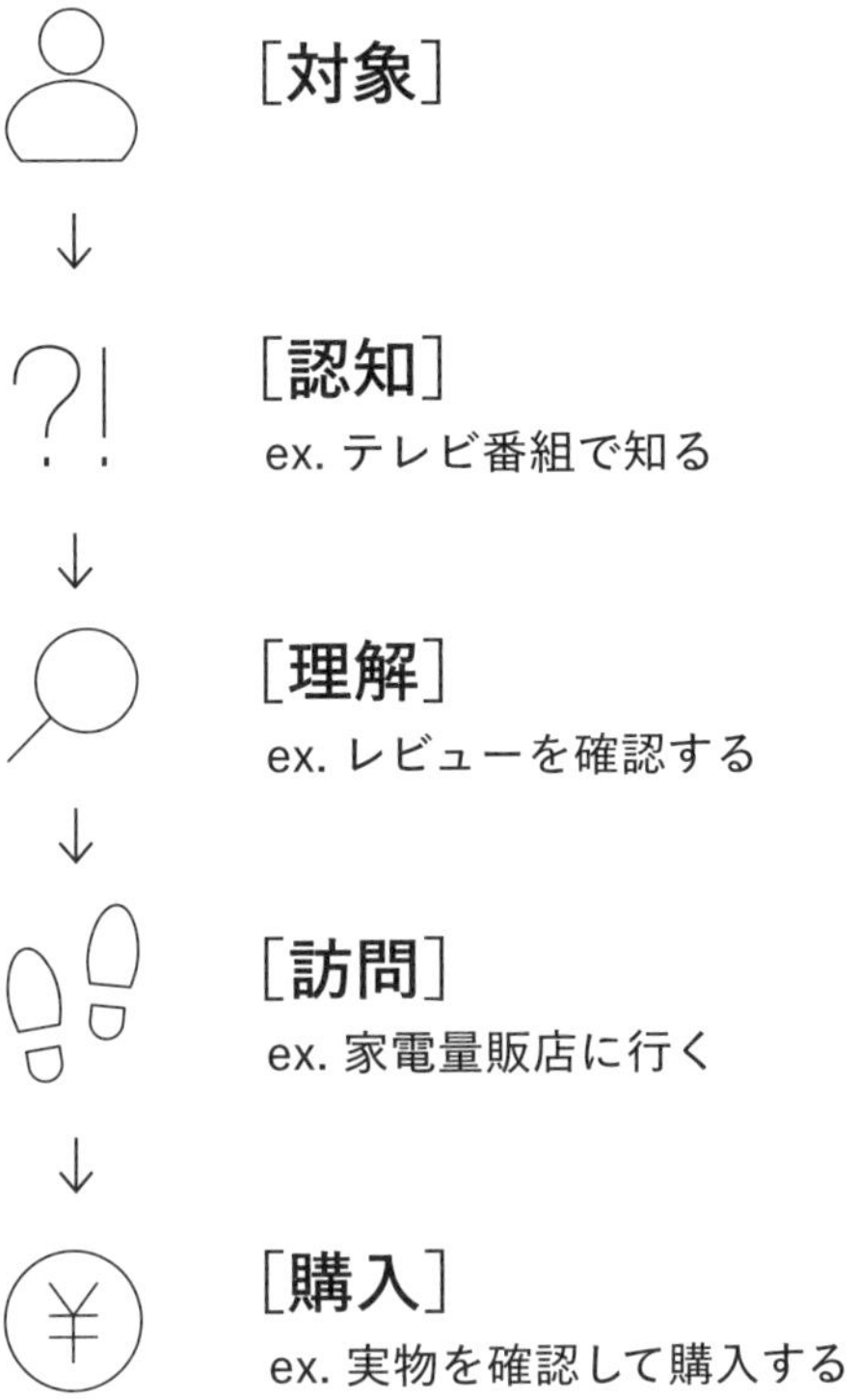

要件③：動線の記述
ex.家電の購入

顧客視点で[購入]までのプロセスを描けるかを確認する

とつは、手元のスマートフォンでのWEBサイトへのアクセスであろう。多くの場合、ひとつのソースだけで購入を決めることはまずない。同等の商品を調べて比較したり、レビュー記事や口コミを読むことで、より理解を深め購入を検討する。そこで購入の意思がある程度固まったら、購入できる所へ［訪問］することになる。購入場所は、他の商品と比較がしやすい量販店や、すぐにアクセス可能なECなどが挙げられる。

描くときはシンプルに記述して理解したい。そして前述の［認知］と同様に、［理解］［訪問］といった他のプロセスについても、**実行可能な手段がイメージできるか**をチェックしたい。

［認知］から［購入］までの動線は、事業内容によって異なる。オンライン英会話スクールを例に挙げると、このように記述できる。

［認知］↓［理解］↓［請求］↓［参加］↓［検討］↓［申込］（購入）

［認知］した英会話スクールのＷＥＢサイトで［理解］するところから始まる。ただし、そのＷＥＢサイトには概要しか載っておらず、資料を［請求］することになる。資料を読んで入会への意思が高まったので体験会に［参加］し、自宅で［検討］。その結果［申込］を決める、といった動線になる。

このような例とは逆に、動線が短い場合もある。商店街の八百屋の場合、動線は以下のようになる。

［認知］→［理解］→［購入］

通りがかりに［認知］した野菜に対して、店主の説明で［理解］し、納得できればその場で［購入］することになる。このような動線は実店舗だけではない。ＥＣサイト商品ページで［認知］［理解］［購入］までを完結した経験は誰にでもあるだろう。

一般的に、新規性や価格が高い商品・サービスのほうが、動線が長くなる傾向になる。なぜなら、顧客が必要とする情報が増え、購入の意思決定に時間がかかるからである。

この3要件は、序章で解説した制約条件のMUSTに該当する。繰り返しになるが、MUSTとは単語の意味の通り、必ず満たさなければならない要件である。満たせなければ、ビジネスとして成立するのは不可と判断し、もう一度〈独自性〉の発想に戻る必要がある。

以上が〈市場性〉の3要件である。まずは自分の〈独自性〉がこの3要件を満たすのか、判断できるようになりたい。〈独自性〉を思いついたときに、〈市場性〉を満たせるのか、即座に感覚的に判断できるようになるのが理想である。

3要件の拡張

前述した3要件を満たせば〈独自性〉と〈市場性〉の両立が確実にできるかというとNOである。両立の確度を高めるためには、各3要件で〈市場性〉を飛躍的に高める必要があり、序章の制約条件のWANTに該当する要件を定めなければならない。

[対象]

対象を増やす

既存と対極の［対象］を設定する

[認知]

他力で急増させる

限られたリソースで認知を獲得する

[動線]

動線を最適化する

［購入］までのハードルを下げる

3要件の拡張（WANT）

〈市場性〉を飛躍的に高めるために
必要な要件

ＷＡＮＴとは、満たすことができればより大きな〈市場性〉を期待できる要件である。このように表現すると、満たせればベター程度の要件に映るかもしれない。しかし、両立を目指すのであれば、ＷＡＮＴも満たす姿勢で臨みたい。

３要件のＷＡＮＴは以下の通りである。

要件①：［対象］を増やす
要件②：［認知］を他力で急増させる
要件③：［動線］を最適化する

ＷＡＮＴは〈独自性〉に応じて詳細化されることが望ましく、各要件で適宜補足したい。

要件①：［対象］の拡張——増やす

顧客数を増やすには、当然ながら［対象］が複数あったほうがよい。各［対象］の顧客数が同じなら、［対象］をもうひとつ追加できると顧客数を倍にすることができる。その場合、既存の［対象］とは遠いものを設定したい。理想は**対極的な［対象］**であり、例えばＢｔｏＣに対してＢｔｏＢ、エリア内に対してエリア外、オンシーズンに対してオフシーズンなどが挙げられる。［対象］が近いと単に顧客数が増えるにすぎないが、［対象］が遠いと収益源がもうひとつ増えることになる。収益源が増えると、どちらか一方の［対象］の売上が低迷しても、もうひとつの［対象］でカバーすることができ、事業の安定化に繋がる。

例えば第1章で取り上げた空港のギフトショップであれば、既存の［対象］は個人の旅行客であった。「対象を増やす」という視点で考えると、個人客に対して法人客が考えられる。一般的に法人のほうが個人と比べて購入予算の規模が大きい。また、法人のほうが海外出張の頻度も高く、顧客にすることができれば安定した売上を見込むことができる。本要件の「［対象］を増やす」を詳細化すると〝**法人から継続購入される**〟となる。

それ以外にも、店舗販売に対してEC販売という［対象］も考えられる。このギフトショップは前述の通り、海外にお土産を持参するためのショップであるが、その商品は日本人にも喜ばれるギフトであり、空港に立ち寄れない人が購入することも十分に考えられる。また、お土産を受け取った外国人がECにアクセスすることも期待できる。同様に本要件を詳細化すると、〝**EC販売の確立**〟となる。

要件②：［認知］の拡張――他力で急増させる

［認知］のWANTは、〝**認知を他力で急増させる**〟である。認知を増やすためには「自力」でできるのは、SNSを含む自社メディアを活用するか、対価を支払って他者のメディアを活用するかの2つである。それに対して「他力」とは対価を限りなく抑え、他者のメディアで露出することを指す。

前述の通り、認知を獲得するには費用が発生する。理論的には対象へのリーチの大きさと費用は比例し、左頁の図のようになる。このようなリーチと費用の関係の中で、

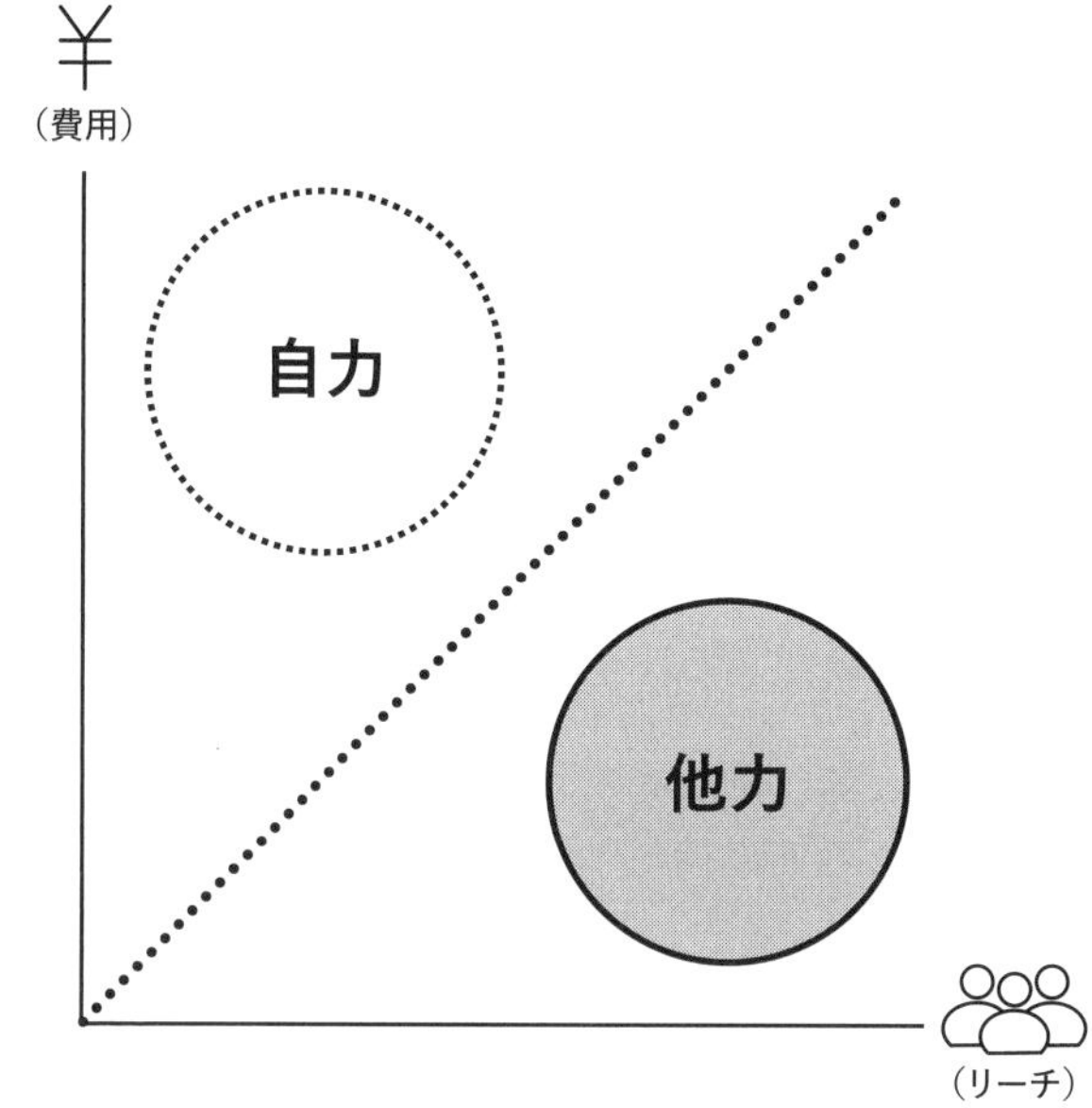

要件②：［認知］の拡張

限られたリソースで認知を飛躍的に高める

「右下の手段」を狙うのが本要件である。そんなことができるのかと思うかもしれないが、手段は存在する。最も分かりやすいのは、TVや新聞等のマスメディアに取り上げてもらうことである。このような取り組みをPR（Public Relations）または広報という。本書では「右下の手段」に限定してPRを解説したい。

広告は広告費をメディアに支払うことで、メディアに露出する。その一方で、PRはどれだけお金を積んでも露出することはできない。逆にいうと、PRは費用をかけずに認知を獲得する有力な手段である。PRはメディアの判断による取材によって取り上げられ、結果的に露出することができる。つまり、PRはメディアの取材と掲載を狙う手段である。

取材を獲得するには、大きく2つのタスクがある。ひとつはメディアの関心を引くための情報の作成。もうひとつは、メディアの記者や編集者への情報の提供である。この2つのタスクが定型化されたものが「プレスリリースを出す」と呼ばれる行為である。

実はこのPRと〈独自性〉は非常に相性がよい。なぜなら〈独自性〉がもたらすユニークな情報は、メディアにとって大切な判断基準のひとつだからである。もちろん、ユニークさだけで取材を受けられるほど甘くはない。メディアの視聴読者にとって有益な情報かどうか、つまりは「社会性」を〈独自性〉に持たせられるかが重要となる。

例えば第1章で取り上げた「ミドリを分けられるプランター」は、社会性を持たせやすい。年々意識が高まっているSDGsの文脈と相性がよいからだ。「おすそわけ」された植物を受け継いで育てるというサイクルを、プランターとともに訴求することができれば、SDGsの新たな取り組みとして取り上げられる可能性も十分にある。

本要件を詳細化すると **〝商品が社会に役立つ意味を訴求できる〟** などが例として挙げられる。

後段で紹介するwemoは、看護師などの現場最前線のワーカーだけでなく、発達障害や早期認知症で悩まれている方が渇望者として存在する。そのため、「記憶が苦手な方に役立つツール」であるという「社会性」をwemoのストーリーにしている。渇望者のような方々は多数存在し、新聞やニュース番組などの報道メディアで取り上げられる可能性が高いと考えたからだ。実際、早期認知症と診断されたｗｅｍｏユーザは、新聞や経済番組など様々なメディアで取り上げられている。

メジャーな手段としてＰＲを取り上げたが、このアプローチはメディアに限定すべきではない。インフルエンサーであっても企業や団体であっても考え方は変わらない。ポイントは、広げるに値するメリットを提供できるかどうかである。この視点を忘れなければ、リソースをかけずとも露出することは可能である。

もし〝他力で急増させる〟設計がうまくいかない際には、〈独自性〉を見直すべきである。なぜなら、〈独自性〉が明確に確立されていれば、自ずと要件を満たす認知手段が描けるからである。逆にいうと、どれほど巧みに認知手段を練っても、〈独自性〉のないものは決定的な訴求力に欠ける。新規事業とは「新しい」が必須であり、新しさは〈独自性〉に宿る。〈市場性〉を先に考えてはいけない理由もここにある。

要件③：［動線］の拡張――最適化する

［動線］のWANTは〝**動線を最適化する**〟である。［認知］から［購入］までの動線には、いくつかのプロセスが存在する。各プロセスでの［対象］の負担が大きければ大きいほど、［購入］にたどり着くまでのハードルも上がる。〈市場性〉を高めるためには、描いた動線やプロセスを可能な限り短縮したい。短縮には以下の3パターンがあり、順に解説する。

- **プロセスを省く**
- **滞《とどこお》りを解消する**
- **動線を見直す**

「省く」は、描いた動線のプロセスのひとつをなくし、**ショートカットを試みる**ことを要件にする。先に取り上げた英会話スクールの動線は以下であり、例えば、［検討］は省ける可能性がある。

省く

プロセスをショートカットする

解消する

プロセスの滞りを解消する

見直す

動線を根本的に見直す

? → ? → ?

要件③：[動線]の最適化

顧客の負担を減らし
[購入]までのハードルを下げる

［認知］→［理解］→［請求］→［参加］→**［検討］**→［申込］（購入）

体験会への［参加］のあとに、その場で［申込］させる設計にするのである。入会金が無料などのインセンティブを付与するのである。あなたもこのようなオファーを、一度や二度は受けたことがあるだろう。

もうひとつの例として、新規オープンのシェアハウスの入居者獲得の動線を挙げたい。理解しやすいように、動線は英会話スクールと同じとする。このシェアハウスの動線の問題は、［理解］［請求］、説明会の［参加］といった一連のプロセスでシェアハウスでの暮らし自体にまずは共感してもらう必要があることだ。これに対するショートカットの具体策として、例えば他のシェアハウス居住者へのポスティングが考えられる。なぜなら、居住者は既にシェアハウスの暮らしの価値を［理解］しており、わざわざ資料を［請求］する必要もない。チラシを個別相談会に［参加］できるように設計しておけば、［理解］［請求］をショートカットすることができる。その結果の動線はこうなる。

［認知］→［**理解**］→［**請求**］→［参加］→［検討］→［申込］（購入）

次は「**滞りを解消する**」である。動線を描いて各プロセスを俯瞰《ふかん》すると、次のプロセスに進むハードルがぐっと高くなるポイントがいくつか想定される。そのような滞りをできる限りなくすための要件を定めたい。シェアハウスの動線を再度例に挙げ、資料の［請求］が少ないと仮定する。その場合、〝**資料請求を飛躍的に増やす**〟ことが要件となる。

このように滞りを解消する必要のあるプロセスをそのまま要件として記述してもよいが、あなたの手元にある〈独自性〉を加味して要件を詳細化することが望ましい。その例えばシェアハウスの〈独自性〉が他の物件にはない充実した設備だとしよう。その場合、その設備が一番の訴求材料であるため、資料請求の動機のひとつになることが理想である。よって、「滞りを解消する」という要件を詳細化するならば、〝**思わず資**

料請求したくなる設備の企画〟などが考えられる。

最後は**描いた動線を「見直す」**である。顧客数を劇的に増やすためには、「省く」や「滞りを解消する」で動線の最適化を試みても限界があることも多い。その際には抜本的な動線の見直しが必要である。法人向けＷＥＢサービスを例にすると、現状がこのような動線だったとしよう。

［検索］→［認知］→［理解］→［問合せ］→［商談］→［契約］

本サービスの［対象］はＷＥＢで［検索］を通してサービスを［認知］し、ランディングページで詳細を［理解］する。この場合、［検索］のプロセスで競合に勝たなければならず、必然的にＳＥＯへの投資も大きくなる。これに対して動線を見直すなら、先にサービスを［認知］させて、自社サービス名で［検索］させるという変更が考えられる。その結果、動線はこのようになる。

［認知］→**［検索］**→［理解］→［問合せ］→［商談］→［契約］

もうひとつの例として「空港のギフトショップ」を再び取り上げる。［対象］を増やす候補のひとつとして「法人客」を挙げたが、考えられる動線はこのようになる。

［来店］→**［相談］**→**［検討］**→**［購入］**

出張前に［来店］し、店長に今回のお土産の希望条件を［相談］。店長の提案に対して［検討］し、［購入］することになる。この動線の問題は［来店］してもらわないと、［購入］に繋げられない点である。もしこの問題を解決するのであれば、［来店］前に注力する必要がある。理想は法人客の出張予定を把握できることである。先に予定を［共有］してもらえれば事前にこちらから希望条件を質問することができる。その結果、法人客は［回答］した内容を踏まえた提案を受けられ、余裕を持って［検討〕ができ、あとはショップに〔来店〕して〔購入〕するだけである。

〔共有〕→〔回答〕→〔検討〕→〔来店〕→〔購入〕

事例：新素材「METALFACE」

最後に自社技術の〈独自性〉を武器に、〈市場性〉を大幅に高めることができた事例を紹介したい。依頼主は東京都板橋区の印刷会社、株式会社技光堂《ぎこうどう》である。同社は「立体視・金属調印刷」の開発に成功した。この技術は透明樹脂素材を本物の金属に見せる特殊印刷である。本物の金属と比較しても遜色《そんしょく》のない見栄えを実現できているにもかかわらず、開発してから2年間、この技術で売上を立てられず、活路が見出せない状況であった。

まずは**〈独自性〉の創出**から着手した。着目したのは、この技術の強みである。技

本物と見分けがつかない立体視・金属調印刷

金属透過を確認するための実験

新素材「METALFACE」

本物と見分けがつかない立体視・金属調印刷という強味から新素材「METALFACE」を開発

光堂は、金属と比べて「安い」「軽い」「腐食しない」などの強みを挙げていた。しかしそれでは金属のフェイクの域を出ない。可能性を感じたのは、この技術が透明樹脂素材に印刷するという点である。印刷方法を工夫することで、光を透過できないかと考えた。デジタル情報をディスプレイのように表示できれば、本物の金属との明確な差異を打ち出せるのではないかという仮説を立てた。

また、電波を通すことも強みになることが分かった。Ｗｉ－ＦｉやＢｌｕｅｔｏｏｔｈ通信、非接触充電機能を持つ家電やガジェットが増え続ける一方で、金属素材はそれらの電波を通すことができないため、そこにもビジネスチャンスがある。最終的には、金属調印刷の「光と電波を通す」という新たに発掘した強みを生かし、印刷技術ではなくインターフェイス素材として売り出していくことに決まった。５Ｇ、ＩｏＴ時代においてスマートフォンやタッチパネル、モビリティーやスマートハウスなどのインターフェイスで、光や電波を通す金属調素材にニーズがあると考えたのだ。

以上の検討結果を新常識の公式で表現すると、

［光・電波］

着眼点：　通さない ⟶ 通す

▼

アイデア：　金属調の
インターフェイス素材

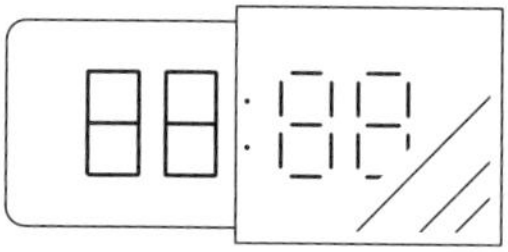

METALFACE

金属調印刷技術を活用し、
これまでにない素材を開発

光・電波：通さない → 通す

となる。この新常識に対する具体アイデアは、金属調インターフェイス素材であり、「ＭＥＴＡＬＦＡＣＥ（メタルフェイス）」と名付けた。

次は本章のメインテーマである**〈市場性〉の３要件の確認**である。

要件のひとつ目は、［対象］の**〝渇望者が発掘できる〟**である。渇望者については、アイデアを精査している中で既に仮説があった。それは、家電や自動車のメーカーなどの企画者や設計者である。新商品の見た目は印象に直結するため、担当者は新たな素材を常に探し求めている。さらには５ＧやＩｏＴの普及により、電波を通さない金属の代替素材が求められていた。斬新な見た目と電波を通すという機能の両者を備えていることは、企画者や設計者にとっては理想の素材のひとつであろう。当時このようなコンセプトの素材は他になく、ＭＥＴＡＬＦＡＣＥのサンプルと活用イメージが提示できれば、費用を支払ってでも試作を依頼されるイメージが湧いていた。

［対象］

要件①：渇望者が発掘できる

▶ **新素材を探している家電や自動車メーカーの企画／設計担当者**

［認知］

要件②：認知させる手段がある

▶ **樹脂や金属素材関連の展示会**

［動線］

要件③：購入までの動線を描ける

▶ **［認知］→［商談］→［理解］→［契約］**

〈市場性〉3要件の確認

発想した〈独自性〉に対して3要件の適否を確認

要件の2つ目は**〝認知させる手段がある〟**である。技光堂の本業は印刷業のため、渇望者である「家電や自動車のメーカーなどの企画者や設計者」との取り引きはごく僅《わず》かで、アプローチできる営業先は限られていた。そのため、樹脂や金属素材関連の展示会への出展が現実解であった。

3要件の最後は、**〝購入までの動線を描ける〟**である。［認知］から［契約（購入）］までの動線は以下の通り記述することはできた。

［認知］→［商談］→［理解］→［契約］

展示会で渇望者に［認知］してもらうとともに、改めてアプローチできるように名刺を獲得する。後日［商談］のアポを取り、［理解］［契約］に繋げていくという動線である。

以上から、3要件は最低限満たすことはできた。ただし、これらの要件だけでは到底事業が成功できるイメージが湧かない。WANTでさらなる要件を定める必要があることを感じてもらえるだろうか。

［対象］のWANTは〝**対象を増やす**〟である。渇望者は、家電や自動車だが、それだけでは十分ではなく、活用先の解像度を上げることで渇望者候補はまだまだ増やせると考えていた。具体的にはHOMEとOFFICEに大別し、あらゆる場面での可能性を探った。HOMEについてはキッチンまわりなどの白物家電だけでなく、バスルームやトイレの機器パネル、ウェアラブル端末やスマートスピーカーといったIoT機器などを対象とした。OFFICEについては、エントランスや会議室のデジタルサイネージ、エレベーターの操作パネルや入退室のカードリーダーなどが対象となった。後述するが、それぞれの領域に訴求するために活用イメージをCGで作成している。

［認知］のＷＡＮＴは**〝他力で急増させる〟**である。前述の通り〝展示会への出展〟が現実解であったが、これだけでは心許《こころもと》なく、**〝メディアへの露出〟**を要件として詳細化した。２つの理由から露出できる可能性を感じていたからだ。ひとつは「これまでにない素材」という強力な〈独自性〉を、画像で表現できる点である。どれほど強い〈独自性〉があっても、テキスト情報だけではメディアも掲載しづらい。取り上げる側のことを考えると、インパクトの強い画像が必須であった。もうひとつの理由は「社会性」である。５ＧやＩｏＴの動向に関する記事が増えており、今後はさらに増えることが容易に想像できた。「〈独自性〉を伝える強い画」と「社会トレンド」、この２つを押さえていることがメディアへの露出可能性の根拠であった。

［動線］のＷＡＮＴは**〝動線を最適化する〟**であり、このプロジェクトでは**「見直す」「滞りを解消する」**を検討した。「見直す」については、以下のように動線を変更している。

［対象］

要件①：対象を増やす

▶ **家電・自動車以外の領域へ展開**

［認知］

要件②：認知を他力で急増させる

▶ **〈独自性〉×「社会トレンド」でメディアに露出**

［動線］

要件③：動線を最適化する

▶ **営業プロセスを真逆に変更**

▶ **［理解］の滞りを解消**
－活用イメージの想起
－リアリティの確認

〈市場性〉WANTの確認

〈市場性〉を飛躍的に高めるためにWANTの適否を確認

現：［認知］→［商談］→［理解］→［契約］

新：［認知］→［理解］→［問合せ］→［商談］→［契約］

ここには、技光堂の願望が込められている。既存事業では、自らドアをノックし顧客候補にコンタクトしているが、思うような結果にならないことも多い。この現状に対して、今回は顧客から［問合せ］されることを目指し、動線を描いている。つまり営業プロセスを真逆にしたのである。要件を詳細化すると**〝渇望者からコンタクトされる〟**となる。

この動線の中で、滞りを解消すべきプロセスが2カ所あった。ひとつは［認知］の部分であり、先に述べた通りである。もうひとつのプロセスは［理解］である。METALFACEを認知したときに、渇望者が我先にと［問合せ］してもらうことが理想であった。そのために必要なのは［理解］の強化であり、このプロセスで触れる情報が重要であった。その情報の役割は、**〝活用イメージの想起〟**と**〝リアリティの確認〟**の大きく2つに分けられる。前者については、素材選定時に渇望者が想像しやすいように、ＭＥＴＡＬＦＡＣＥの活用イメージが必要だと考えた。このイメージは前述のメディア向け画像と兼用できるものである。後者の〝リアリティの確認〞については、活用イメージだけでは夢物語に見えてしまうことが懸念された。そのため、ＭＥＴＡＬＦＡＣＥを使用した試作をし、動画で見せることが有効だと考えられた。

この2つの情報は実際に制作している。

〝活用イメージの想起〞については、「家電や自動車以外の領域」も含め計10シーン以上の画像をＣＧで作成した。例えば、自動車メーカー向けには、車内のフロントパネル部分への適応イメージを作成した。同様に、白物家電メーカー向けには冷蔵庫のパネル、バストイレタリーメーカーにはバスルームやトイレの操作パネルの適応イメージを作成した。これらの画像を作成するにあたって、［認知］のＷＡＮＴとして定めた〝メディアへの露出〞も考慮している。プレスリリースの画像としても機能するか、ＷＥＢメディアのサムネイルになっても印象を残せるか等を想定し作成した。

〝リアリティの確認〞については、実際に光を通すデジタル時計や、電波が通ること

自動車メーカー向けに

家電メーカーや鋼板メーカー向けに

「活用イメージの想起」のためのCG

各メーカー向けに10種以上を作成した

が分かる非接触型充電器を試作し動画を作成した。作成した試作は、メディアからの取材時や展示会等でも役割を果たし、本事業の実現性を強く訴えることができた。

この取り組みが功を奏して、国内マスメディアだけでなく海外の著名なＷＥＢデザインメディアにも掲載されることになった。これにより、家電や自動車等の超大手企業がこぞって技光堂に問合せをする状況をつくることができた。この問合せは国内企業だけにとどまらず、ＧＡＦＡをはじめとするＩＴ企業や家電、自動車等の海外最大手企業からも問合せを獲得し、その数は50を優に超える。社員数が数十人規模の技光堂のような中小企業にとっては願ってもない状況であり、「板橋の奇跡」と呼ぶに値する成果を生みだした。

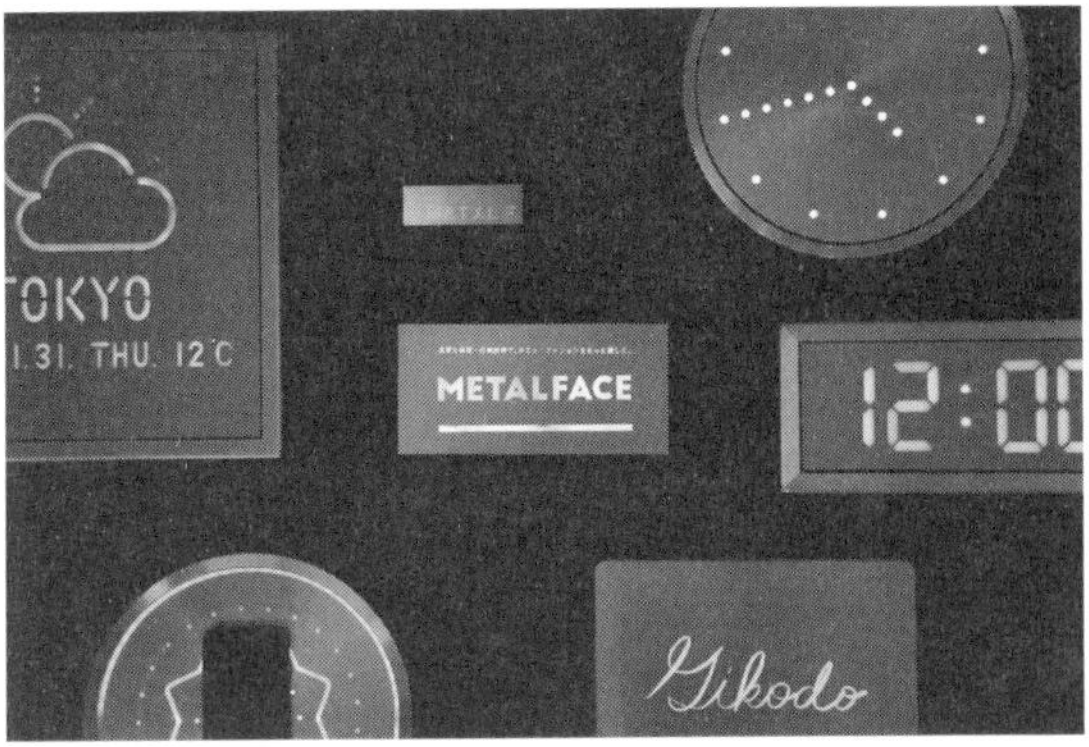

展示会用に作成

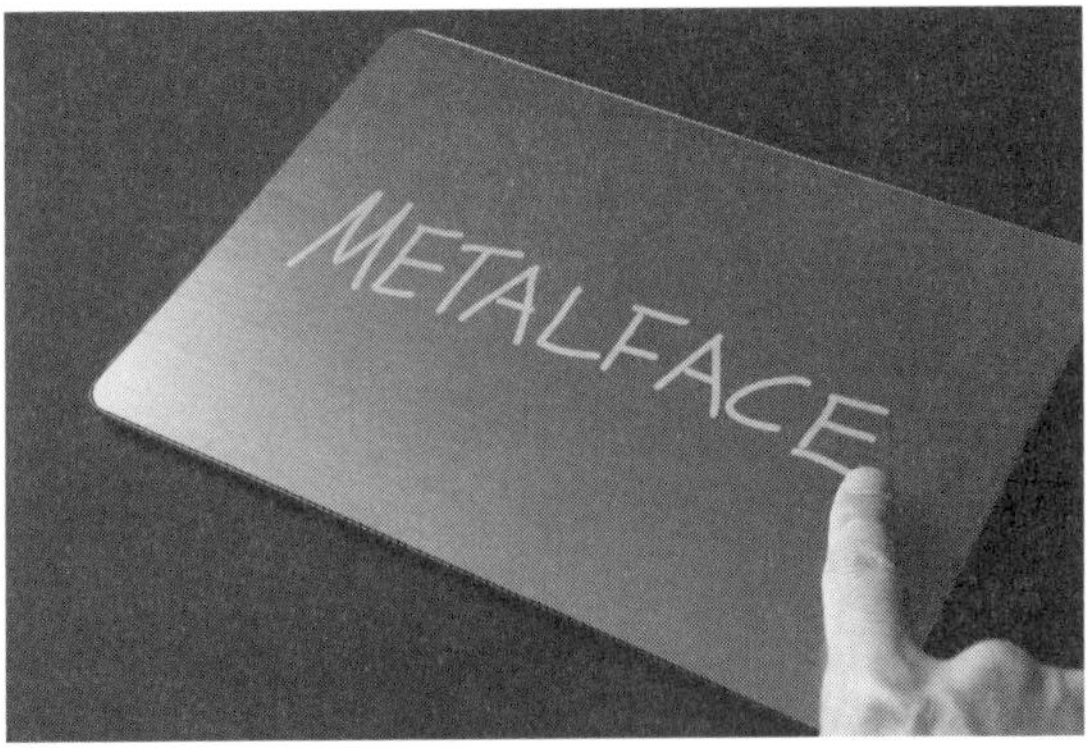

動画としても作成

「リアリティの確認」のための試作

第2章まとめ

〈市場性〉の公式

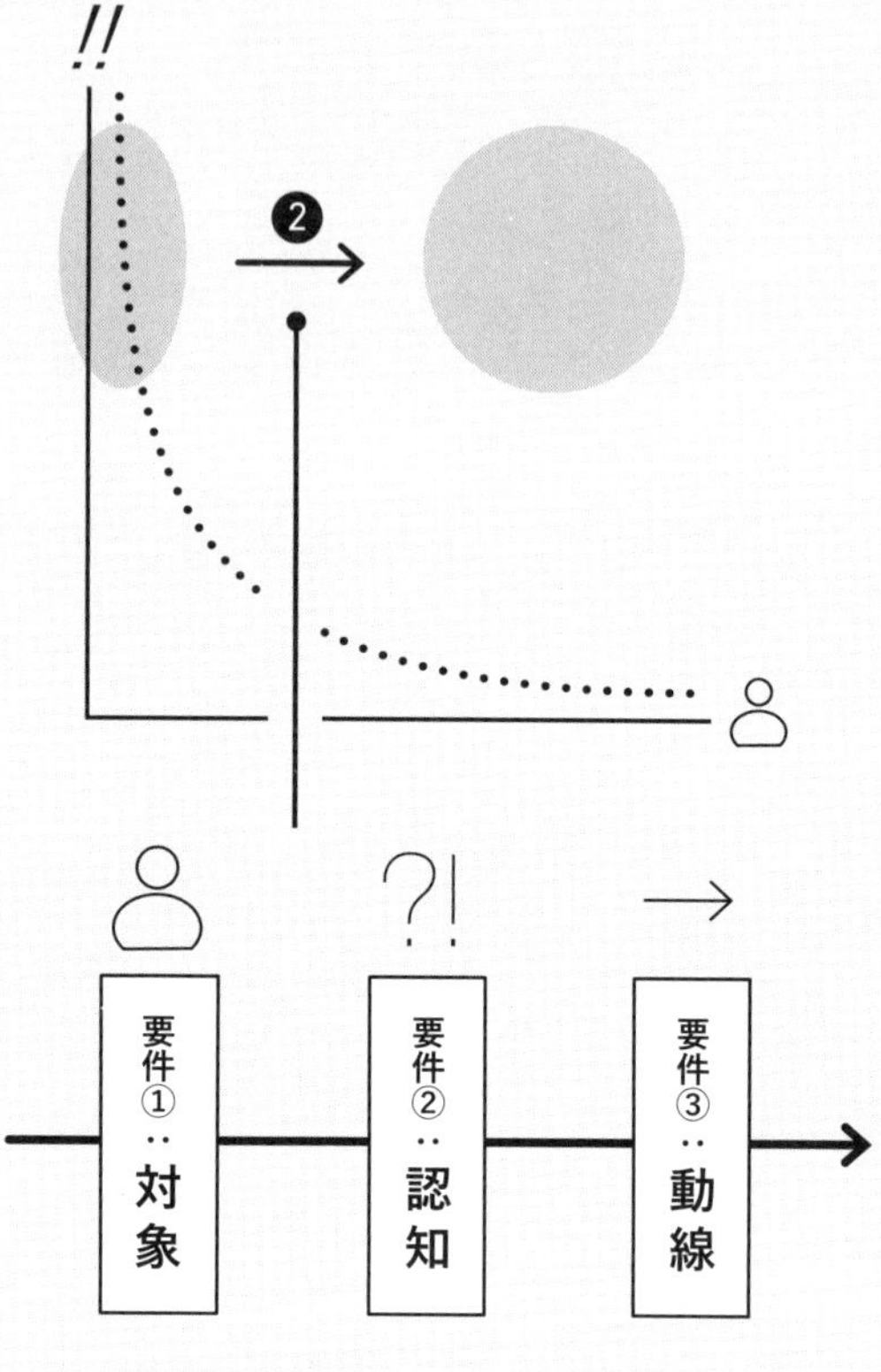

✓ 〈市場性〉の3要件をまずは押さえる

✓ 〈市場性〉を飛躍的に高めるWANTを定める

第3章 見極める

——要件を満たす〈独自性〉の選択

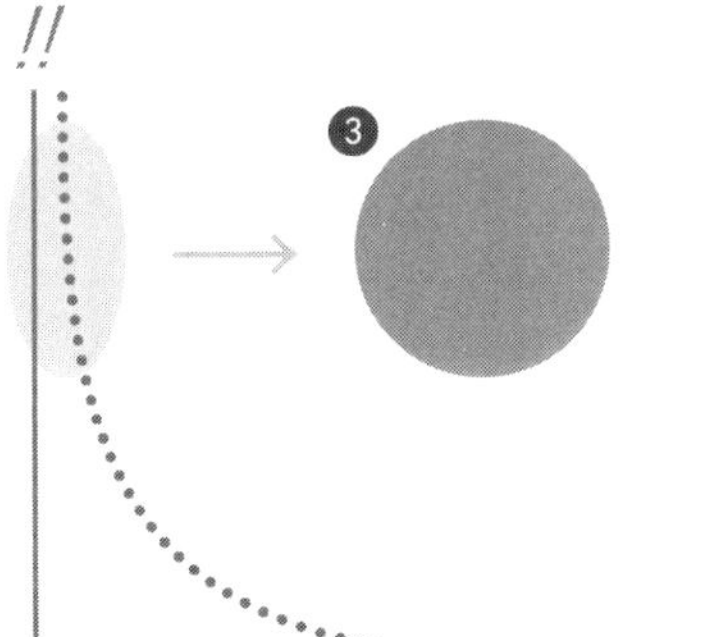

〈独自性〉の選び方

これまでの流れを振り返ると、第1章で新常識とそのアイデアからなる〈独自性〉のつくり方、第2章で〈市場性〉の要件を解説した。その結果、あなたの手元には複数の〈独自性〉と〈市場性〉の要件があることになる。本章では**〈市場性〉の要件を基にいかに〈独自性〉を選択するか**について解説したい。

まず初めに問いたいのは〈独自性〉の選択基準である。あなたには確固たる選び方があるだろうか。どれだけ優れたアイデアを発想できても、選択を誤れば何の意味もなさない。アイデアの選択が今後の事業づくりの成否を決めるといっても過言ではない。

結論から述べると、**〈独自性〉の選択基準は「満たすことができた要件の数」**である。要件には〈市場性〉だけでなく、序章で解説した制約条件も要件に加える。〈市場性〉の要件が外部要件だとすると、制約条件は内部要件ともいえる。まず確認すべきは3要件からである。

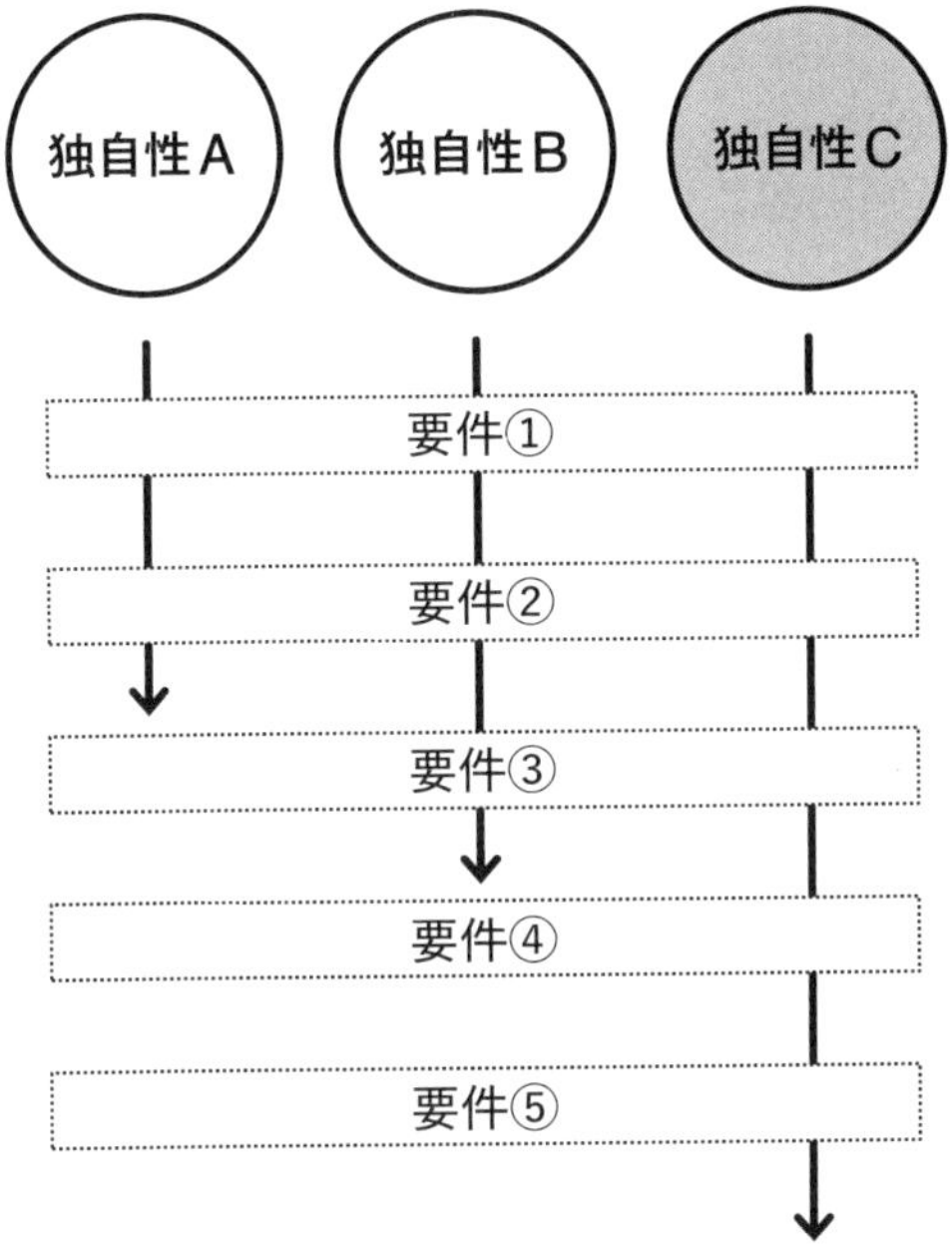

〈独自性〉の選択基準

満たした要件の数で〈独自性〉を評価する

［対象］：渇望者が発掘できる
［認知］：認知させる手段がある
［動線］：購入までの動線を描ける

あなたの〈独自性〉は3要件を満たしているであろうか。3要件は必須条件であり、満たしていない〈独自性〉は、心を鬼にして落とす。その結果、手元に何も残っていなければ、〈独自性〉の検討に戻らなければならない。

制約条件も同様に「目的」「範囲」「資産」のMUSTを満たしていることを確認する。

目的：自社が目指す方向と位置
範囲：アイデアの検討範囲
資産：活用すべきリソース

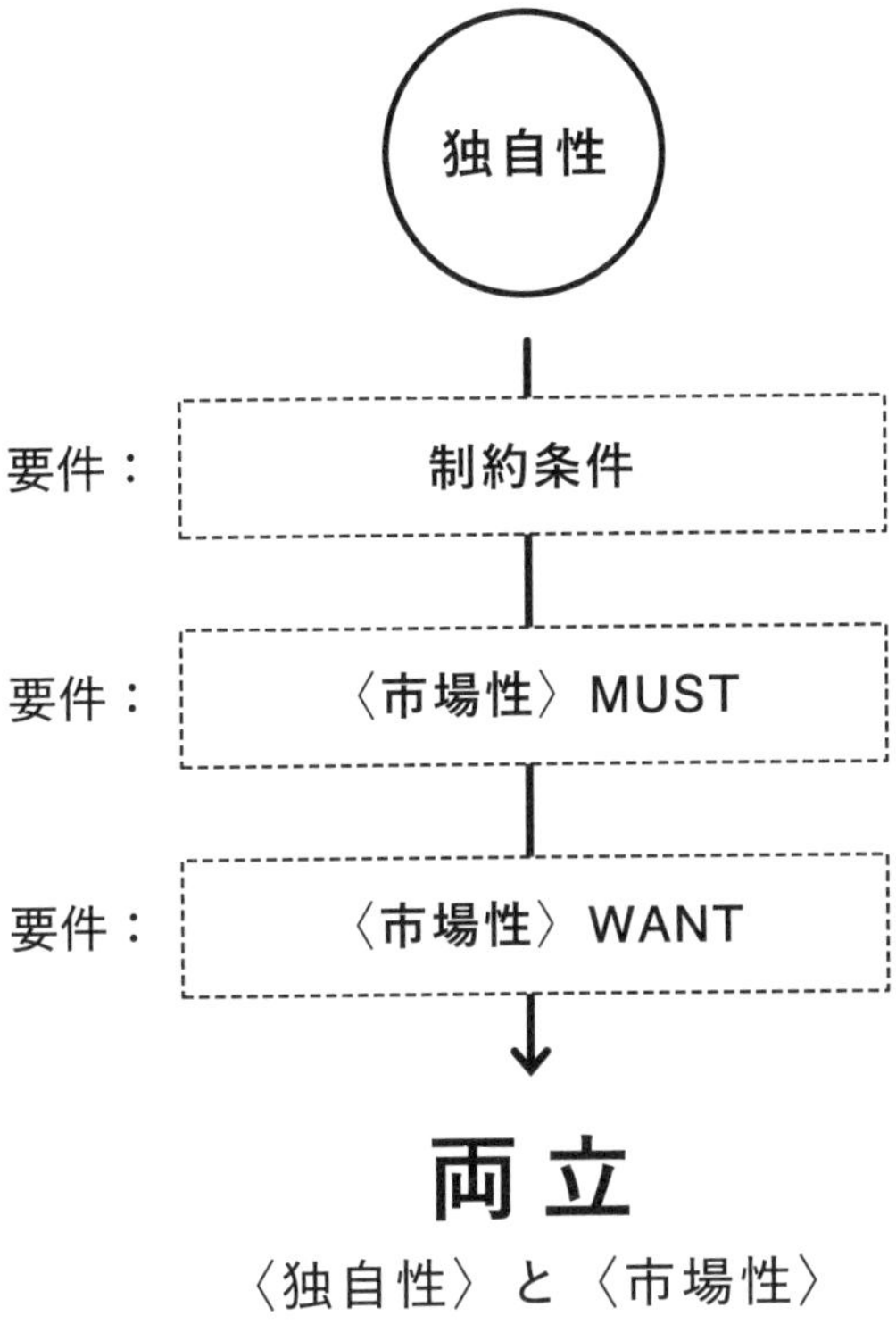

〈独自性〉と要件の関係

〈独自性〉で定めた要件を満たし「両立」を実現する

次に確認するのはWANTの要件である。〈市場性〉のWANTとして解説したのは以下の通りであるが、あなたの事業固有の要件や制約条件のWANTがあればそれも一度書き出したい。

[対象]：対象を増やす
[認知]：認知を他力で急増させる
[動線]：動線を最適化する

定めたWANTがどれだけ満たせたかで〈市場性〉を高められる可能性は大きく変わる。あなたの手元にある〈独自性〉はどうだろうか。もしかするとその〈独自性〉は新常識があるだけで、要件をひとつも満たしていないかもしれない。他の〈独自性〉はどうだろうか、運が良ければ複数の要件を満たしている可能性もある。複数の要件を満たしている〈独自性〉にはどのような傾向があるだろうか。満たす要件の数をさらに増やす〈独自性〉を発想できないだろうか。このような思考を巡らせながら、

①発想する②定める③見極めるの3ステップを繰り返してほしい。その結果残った〈独自性〉は、ビジネスの中核を担うアイデアとなる。

事例：テイクアウトサービス「朝ボトル」

具体的にイメージしてもらうために、日本茶カフェのリニューアルを取り上げる。クライアントは天皇杯の受賞歴がある伊勢茶《いせちゃ》生産者3代目でもあるカフェの店主だ。名古屋駅前で日本茶カフェを経営していたが、コロナの影響で売上が3分の1に減少し、窮地に立たされていた。固定費の削減が急務であったため、駅から少し離れた円頓寺《えんどうじ》商店街への移転を決断。事業の継続を懸けたリニューアルが求められた。

まず初めに行なったのは、本案件における制約条件（「目的」「範囲」「資産」）の確認と整理である。「目的」として設定したのは、現状の打開に必要な〝**コロナ禍でのカフェ利用者の創出**〟である。生き残るためには顧客数を増やすことが急務であり、移転の成否に関わる課題であった。アイデアの検討「範囲」で設定したのが、〝**テイク**

アウト〟である。店内の利用者が激減する中、テイクアウトに活路を見出す他ないと当時は考えていた。以上からこれら2つを制約条件のMUSTとした。

制約条件の整理を進める中で**〝新たな緑茶の楽しみ方を提示する（目的）〟〝店先スペースの活用（資産）〟**の2つをWANTとして追加することにした。前者は、店主の「日本茶離れ」に対する課題意識が起点となっている。日本茶以外の選択肢があふれている中で何ができるのか、コロナがなければこの課題と向き合う予定であった。後者の〝店先スペースの活用〟は、移転先の建物上の問題である。道路と店舗の間に中途半端なスペースが存在していた。テラス席にするには狭く、有効な使い方を見出せずにいた。定めた制約条件は127頁「要件一覧」にまとめている。

次は〈独自性〉の検討である。最初に考えた〈独自性〉は、以下であった。

販売時間：日中 → 朝

MUST

制約条件：
- □ コロナ禍でのカフェ利用者の創出（目的）
- □ テイクアウトサービスの検討（範囲）

市場性：
- □ 渇望者が発掘できる［対象］
- □ 認知させる手段がある［認知］
- □ 購入までの動線を描ける［動線］

WANT

制約条件：
- □ 新たな緑茶の楽しみ方の提示（目的）
- □ 店先のスペースの活用（資産）

市場性：
- □ 通勤者以外の顧客を増やす［対象］
- □ メディアへの露出による認知獲得［認知］
- □ 誘引力のあるアイコンの開発［動線］
- □ 試したくなる商品の魅力［動線］
- □ 納得感のある価格［動線］
- □ ストレスのない購入体験［動線］

要件一覧

日本茶カフェリニューアルを
成功させるための要件

これは、朝の時間帯にテイクアウトのサブスクリプションサービスを提供する、という店主のアイデアが起点であった。サブスクには魅力を感じなかったが、**「朝に特化したテイクアウト」**には大きな可能性を感じた。なぜなら、〈市場性〉の3要件（［対象］［認知］［動線］）を満たすイメージができたからである。

サービスの［対象］は、円頓寺商店街を通って会社に向かうビジネスパーソンである。これまでの店主との議論の中で、コーヒーの代替品を求めるビジネスパーソンが一定数存在することを把握していたからだ。水出し緑茶はカフェインが少なく、健康的なイメージもあることから、コーヒーを控えたいビジネスパーソンに支持され、渇望者を発掘できるのではないかと考えた。

［認知］の手段として想定したのは、「店先スペース」である。通勤者への最大の認知手段は店そのものである。どの店舗も看板に工夫を凝らし、目を引くことに注力しているが、店主が毎朝店頭で挨拶し続けることが最も効果的だと考えた。しかし、ただ挨拶をするだけというのは、いくら崖っぷちとはいえ酷だ。その点、朝帯の販売には明確な目的があり、継続可能な認知手段である。

朝帯特化の
テイクアウトサービス

日中 → 朝
（販売時間）

☑ 渇望者が発掘できる
▶ **コーヒーの代替を求める通勤者**

☑ 認知させる手段がある
▶ **店主による店先販売**

☑ 購入までの動線を描ける
▶ **［認知］→［接触］→［理解］→［購入］**

〈市場性〉3要件の確認

朝帯特化のテイクアウトサービスで3要件を満たすことを確認

［動線］については、店頭で販売するモデルなので、難なく描くことができた。

［認知］→［接触］→［理解］→［購入］

念のために説明すると、［購入］までに必要なプロセスは、［認知］した通勤者に足を止めてもらう［接触］とサービスの内容の［理解］である。どちらも丁寧に設計すれば、［購入］までスムーズな動線を設計できるイメージが湧いた。

以上が〈市場性〉３要件の確認である（129頁の図「〈市場性〉３要件の確認」参照）。

ＭＵＳＴを満たせる目途《めど》がついたところで、次はＷＡＮＴの設定（「対象を増やす」「認知を他力で急増させる」「動線を最適化する」）である。

「対象を増やす」については、〝**通勤者以外の顧客を増やす**〟とした。本サービスのことだけを考えていれば、通勤者のみを［対象］にすればよかった。しかし、今回の目的は「コロナ禍でのカフェ利用者の創出」であり、その先にあるのはV字回復である。ならば通勤者だけでは到底足りず、それ以外の利用者を増やす必要がある。「認知を他力で急増させる」については、〝**メディアへの露出による認知獲得**〟を設定した。理由は2点ある。1点目は［対象］のWANTを〝**通勤者以外の顧客を増やす**〟と設定したので、通勤者以外にはメディアに頼る必要があった。2点目は通勤者のサービス利用の後押しになると考えたからである。以前から店舗の存在を知ってはいたが、メディアで見かけたことによって、訪問を決めるといった顧客行動が想定できた。

最後のWANTは「動線を最適化する」である。動線の各プロセスで滞りが発生すると考えられた。

［接触］については、［対象］が足を止め、店先まで近づいてもらう必要がある。そのためには、思わず立ち寄る、訪ねたくなるヴィジュアルが必要だ。そこで、〝**誘引力のあるアイコンの開発**〟をWANTとして設定することにした。

今回のサービスの壁は［購入］のプロセスだと考えていた。日本人にとって馴染《なじ》みのある飲料だからこそ、日本茶をテイクアウトさせるのが難しい。支払ってでも**〝試したくなる商品の魅力〟**をＷＡＮＴに加えている。もうひとつ必要な要件は**〝納得感のある価格〟**である。競合は自販機やコンビニで販売される飲料であり、それらよりも高価格になる可能性が高い。高品質な日本茶とはいえ、［対象］を納得させる価格の提示が必要であった。さらに理想を追求すると、注文を受けてから商品を手渡すまでの時間も、極力減らす必要があった。通勤者はただでさえ急いでいる。そのため、**〝ストレスのない購入体験〟**をＷＡＮＴとして加えることにした。

ここからが本題である。定めた制約条件と〈市場性〉をどの程度満たしているかを確認する。「朝に特化した日本茶のテイクアウト」という〈独自性〉に対して、満たしている要件は次頁の「〈独自性〉の評価①」の通りである。一覧にすると一目瞭然であるが、〈市場性〉のＷＡＮＴはひとつも満たしておらず、新たな〈独自性〉を考える必要があった。

MUST

制約条件：☑ ~~コロナ禍でのカフェ利用者の創出（目的）~~
☑ ~~テイクアウトサービスの検討（範囲）~~

市場性：☑ ~~渇望者が発掘できる［対象］~~
☑ ~~認知させる手段がある［認知］~~
☑ ~~購入までの動線を描ける［動線］~~

WANT

制約条件：□ 新たな緑茶の楽しみ方の提示（目的）
☑ ~~店先のスペースの活用（資産）~~

市場性：□ 通勤者以外の顧客を増やす［対象］
□ メディアへの露出による認知獲得［認知］
□ 誘引力のあるアイコンの開発［動線］
□ 試したくなる商品の魅力［動線］
□ 納得感のある価格［動線］
□ ストレスのない購入体験［動線］

〈独自性〉の評価①：
「朝帯特化サービス」

WANTを満たす〈独自性〉を新たに
発想する必要がある

次に考えたのは、「**1杯分の茶葉を販売する**」という〈独自性〉だ。公式で記述するとこのようになる。

テイクアウト：調理済 ↓ 調理前

パッケージを共通化することで、品種ごとにデザインを変えて店先スペースに大量に並べ、看板の機能を担わせることを意図した。この看板代わりとなるパッケージの陳列で、通行者の注意を引き、あわよくば足を止めさせることができる〝**誘引力のあるアイコンの開発**〟を解決しようと考えたのだ。

「1杯分の茶葉売り」は、〝**ストレスのない購入体験**〟や〝**納得感のある価格**〟も満たせる。パッケージを選ぶだけで購入は完了し、待ち時間も不要だ。日本茶を淹《い》れる手間や容器も不要で、価格も抑えられ、動線の最適化にも貢献可能だと想定できた。

その一方で検討の余地があったのは、〝**メディアへの露出による認知獲得**〟〝**試したくなる商品の魅力**〟である。メディアに取り上げられるインパクトや社会性があるかというと、疑わしい。それゆえに〝**通勤者以外の顧客を増やす**〟という要件を満たしているとはいえない。「商品の魅力」については、パッケージデザインでユニークに魅せることはできたが、中身は所詮《しょせん》ティーバッグと変わらない。当然ではあるが〝**新たな緑茶の楽しみ方を提示する**〟といえるような〈独自性〉を生み出す必要性を感じた。以上の結果をまとめると次頁「〈独自性〉の評価②」となる。

ブレイクスルーのきっかけは、店主が抱えるテイクアウトの課題意識であった。通常、テイクアウトには紙コップやプラスチックのカップが使われるが、それではお茶本来の美味《おい》しさを提供できない、と店主は考えていた。実現性を無視すれば、ガラス製の水出しボトルを使用するのが理想であったが、ガラスボトルの価格は2000円以上となる。つまり、以下のようなトレードオフが発生していることが分かる。

1杯分の茶葉売り

調理済　→　調理前
（テイクアウト商品）

- ☑　~~誘引力のあるアイコンの開発~~
- ☑　~~納得感のある価格~~
- □　ストレスのない購入体験
- □　通勤者以外の顧客を増やす
- □　メディアへの露出による認知獲得
- □　新たな緑茶の楽しみ方を提示する

↓

〈独自性〉の評価②：
「1杯分の茶葉売り」
満たす要件の数は増えたが十分とはいえない

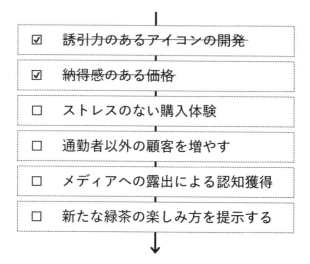

① 紙／プラカップ：価格は安いが、美味しいお茶を提供することができない。
② ガラスボトル：美味しいお茶を提供できるが、ボトルの値段が高い。

この一長一短の2つの選択肢に対して、両者のいいとこどりができる解決策がないか。ユーザの価格負担を抑えつつ水出し緑茶の美味しさを維持する解決策として、ボトルのレンタルサービス「朝ボトル」を発案した（次頁「テイクアウトの新常識」参照）。公式で記述すると以下となる。

テイクアウト：購入 → レンタル

朝ボトルとは、茶葉入りのガラスボトルを店先でレンタルしてもらい、帰りに返してもらうサービスである。1回あたりの価格は300円。その理由は、水を注ぎ足せば少なくともあと2回は楽しむことができ、1回あたり100円であれば**〝納得感のある価格〟**を満たすと考えたからだ。この価格で本格的な水出し緑茶を飲めるのであ

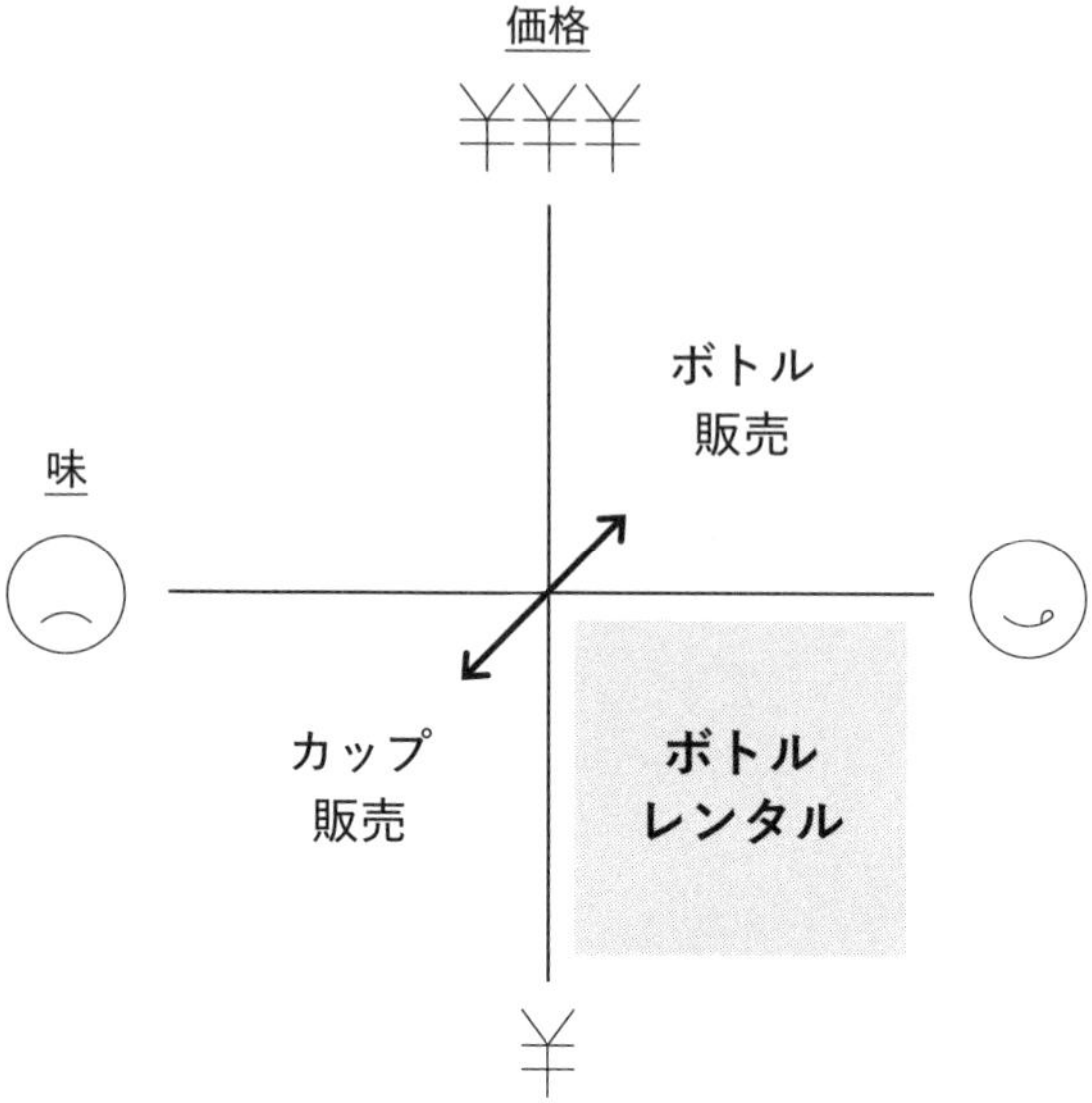

テイクアウトの新常識

「カップ」と「ボトル」のトレードオフを
新常識「レンタル」で解消

れば、「試したくなる商品の魅力」は十分にあり、**〝新たな緑茶の楽しみ方を提示する〟**に値する。

同時に思いついたのが、店先スペースに設置するカウンターの活用である。朝ボトルを大量に挿せる仕様にし、メディアに取り上げられるだけのインパクトの創出を企てた。またこのレンタルサービスはプラカップの削減が可能なことから、社会性を訴求することができる。メディアへの露出により、**〝通勤者以外の顧客〟**への認知を期待することができた。

サービスの利用にあたっては、**〝ストレスのない購入体験〟**を実現するために、デポジットの不要を決めた。登録などの面倒な手続きを排除したかったからである。返却は帰り道にカウンターに挿すだけでＯＫとし、ボトルを洗う必要もない。ボトルの盗難リスクはあったが、それよりも動線を円滑にするメリットのほうが大きいと考えた。

このように、朝ボトルという〈独自性〉を丁寧につくり込むことで、全ての要件を

1回300円でレンタルできる「朝ボトル」

店頭のカウンターで受け渡しができる

［テイクアウト］

着眼点： 購入 ⟶ レンタル

▼

アイデア： 水出し緑茶ボトルのレンタルサービス

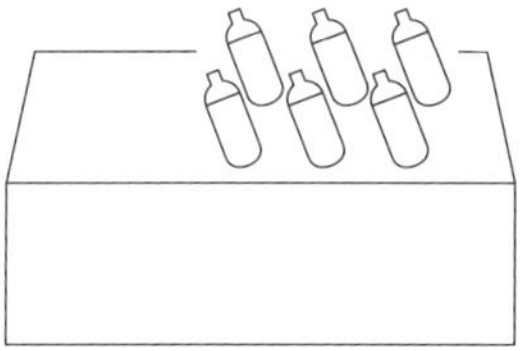

朝ボトル

本格的な緑茶がオフィスで飲める
テイクアウトサービスを提案

一網《いちもう》打尽《だじん》にすることができた（次頁「〈独自性〉の評価③」参照）。この打ち手が功を奏し、複数のローカルTV局の商店街特集で取り上げてもらうことに成功。それをきっかけに飛躍的に客数を伸ばし、コロナ前売上の1・8倍を達成した。

一網打尽

〈独自性〉の選択基準は「満たすことができた要件の数」と既に述べた。満たすことができた要件の数は多ければ多いほどよいが、理想は「朝ボトル」のように**「全ての要件を一網打尽にした状態」**である。この「**一網打尽」こそが、本書が目指す「〈独自性〉と〈市場性〉の両立」の到達点**である。そんなことができるのかと思うかもしれないが「できる」と断言したい。

例えばAmazonプライムは、一網打尽の模範例である。国内のサービス開始は2007年のため今となっては新鮮さはないが、このサービスの当時の〈独自性〉は、

朝ボトル

購入 → レンタル
（テイクアウト）

- ☑ ~~誘引力のあるアイコンの開発~~
- ☑ ~~納得感のある価格~~
- ☑ ~~ストレスのない購入体験~~
- ☑ ~~通勤者以外の顧客を増やす~~
- ☑ ~~メディアへの露出による認知獲得~~
- ☑ ~~新たな緑茶の楽しみ方を提示する~~

↓

〈独自性〉の評価③：「朝ボトル」

全てのWANTを一網打尽にすることができた

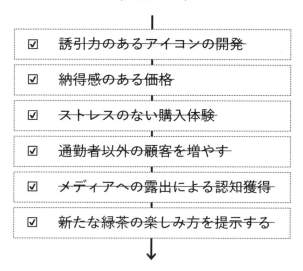

ECでの購入ではなくサービス利用に対して月額で課金する点にある。このサービスを実現したことで、新たな収益源を獲得しただけでなく、〝送料無料や即日配送などの配送サービスの実現〟〝競合よりもAmazonを利用する動機の設計〟〝動画、音楽、電子書籍などの他サービスの利用促進〟などの要件を満たしていると考えられる。

Nintendo Switchも模範例のひとつである。この商品の〈独自性〉は他のゲーム機になかった、携帯型（商品単体で利用）と据置型（TVなどのディスプレイに接続して利用）のハイブリッド型を実現した点にある。これによって、〝多様なシーンで楽しめる新しいゲーム体験の提供〟〝ライトユーザとコアユーザの両方の取り込み〟〝ひと目で分かるゲーム機の斬新さ〟などを実現している。

一網打尽にトライするあなたにそのヒントを紹介したい。残念ながら一網打尽にする確実な方法は見つけられていないが、成功の確率を上げることは可能である。

① 一網打尽にできる〈独自性〉の存在を信じる

ひとつめは心構えである。一網打尽を成功させるのに最も大切なのは、〈独自性〉を探し続けられるメンタルだ。実践すると分かるが、本当にそんなことができるのかと、自分自身を何度も疑うことになる。まずは、一網打尽にできる〈独自性〉の存在を信じることから始めたい。

これまでに発想した〈独自性〉を思い返すと、どれも広大な敷地からダイヤモンドを探し出した感覚に近い。ダイヤモンドが存在することを信じていなければ、見つけることは到底できなかった。

② 要件を言語化する

「はじめに言葉ありき」という言葉が最適である。アイデアの良し悪しの基準とはダーツの的であるということを既に述べたが、的として設定しないと投げることすらできない。現状は見込みがなくても、満たせれば大きな成果が得られる要件は、躊躇《ちゅうちょ》することなく言語化したい。言語化するのにリスクは一切なく、機能しなければリストから落とせばよいだけである。

③ 新常識を起点にする

一網打尽を目指すためには〈独自性〉にこだわらなければならない。新常識が弱い〈独自性〉に、一網打尽の可能性はない。なぜなら、これまで成し遂げた一網打尽の〈独自性〉は全て、常識の外に存在していたからである。あなたの想定の中に一網打尽の可能性がないことを改めて断言しておく。

④ 初めから一網打尽を狙わない

全ての要件を満たす〈独自性〉を初めから狙うのは勧めない。まずはそれぞれの要件で〈独自性〉を発想することから始める。発想を続けていくうちに、狙った要件以外の要件も満たせることがある。もしくは、直感的によいと感じた〈独自性〉を精査すると、実は満たした要件の数が増えているということもよくある。このようなプロセスを続けていると、徐々に個々の要件の関係性が分かってくる。例えば、特定の要件を満たせば他も満たせる要件や、要件同士でトレードオフの関係にあり両立が新たな要件になることがある。それらを繰り返しながら、どこに一網打尽があるのかを見つけるのである。

⑤ 常にアンテナを張っておく

〈独自性〉は一人で思いつくだけとは限らない。よく「天から降ってきた」という表現を耳にするが、自身の内から能動的に生み出すだけでなく、外から受動的に得る機会を大切にしなければならない。「朝ボトル」は店主の声にアンテナを張っていなければ、朝帯にテイクアウトを提供することも、ガラスボトルを検討することもなかった。移動中に飛び込んでくる光景、たまたま見かけた記事、チームメンバーの何気ないひとことなど、どこにヒントが眠っているかは誰にも分からない。それゆえに、心身のコンディションを万全にし、アンテナを常に張っておきたい。

⑥ 細かく管理しない

定めた要件群を精緻《せいち》に管理するのは勧めない。なぜなら、要件に意識が向きすぎると、〈独自性〉を発見する感度が鈍ってしまうからだ。全ての要件を常に記憶するというよりは、頭の片隅に置いておくぐらいに留めておきたい。自分でも驚くような〈独自性〉が出せたときに、要件を見返すぐらいがちょうどよい。

守破離《しゅはり》

守破離という修業過程を示す言葉があるが、それになぞらえて「すごいアイデア」を生む実践方法を述べる。まずは「守」であり、最低限以下を守ることから始めてほしい。

> ①〈独自性〉と〈市場性〉の両立を目指す
> ②公式を使用して〈独自性〉を発想する
> ③〈市場性〉の3要件を満たせるか検証する

これらは本書の幹《みき》である。この幹を起点に枝葉を広げていくのが望ましい。広げるべき枝のひとつは、自分や他者が発想した〈独自性〉に対して、〈市場性〉の有無を即座に判断できる感覚である。その際に活用するのは3要件だ。渇望者が発掘できそうか、認知手段があるか、動線が描けそうかを直感で判断できるのが理想である。例えば第1章で取り上げた「羽田空港のギフトショップ」の〈独自性〉は、ターゲットを外国人から日本人に真逆にすることであった。この〈独自性〉を発想した時点では渇望者は明確ではなかったが、存在を信じることはできた。なぜなら、海外にお土産を持参する日本人は事実として存在し、その中で強いニーズを持つ渇望者を特定すればよいだけだったからである。

これらが使いこなせたら、次は「破」である。破る対象は〈独自性〉と〈市場性〉の両立の「手順」だ。

① 発想する：〈独自性〉の創出

②　定める：〈市場性〉の要件の明確化
③　見極める：要件を満たす〈独自性〉の検証

この中で最初に破ってよいのは「②定める」と「③見極める」である。本書の手順では、②で全ての要件を定めて、③で検証し〈独自性〉を選択する、と解説した。しかし、慣れてくれば②で全ての要件を定めず、③に移っても構わない。なぜなら、最初に発想した〈独自性〉で、要件を一網打尽にできることはまずないからである。満たせなかった要件は、〈独自性〉を発想する新たな起点とすればよい。また新たに発想した〈独自性〉から、新たな要件を定め、満たせなければさらなる〈独自性〉を発想する起点とする。つまり、**手順①②③のサイクルを繰り返すことで、満たす要件を増やし〈独自性〉と〈市場性〉の両立を目指す**のである。

さらに慣れてくれば、いよいよ「離」である。〈独自性〉と〈市場性〉を狙うことを前提とするのであれば、もはや「①発想する」から始めなくてもよい。なぜなら、要件の詳細化を繰り返していくことで、満たすべき要件のパターンが掴めてくるからである。例えば［認知］のWANTを詳細化した〝メディアに露出する〟は、他のテーマでも要件として機能する可能性が高い。そのような要件は〈独自性〉を考える前に定めても何ら支障はなく、卵が先か鶏が先かの問題である。

「離」で大切なのは、手順①②③のステップの順序を守るよりも、いかにステップを繰り返すかだ。本書では手順を3ステップで解説したが、要素を削ぎ落としていくと最後に残るのは「アイデア」と「要件」である。**新常識となる「アイデア」を発想したら、顧客数を増やす「要件」を定める。満たせない「要件」があれば、新たな着眼点で「アイデア」を発想する。**モデル化すると次頁の図「〝離〟：アイデアの手順」となり、手順はより単純化され、本書上級者の公式ともいえる。この2つを繰り返すことで、一網打尽を目指すのである。最後に19頁に戻ってほしい。**アイデアづくりの本質は、やはり「アイデア」と「要件（基準）」であること**が示されている。

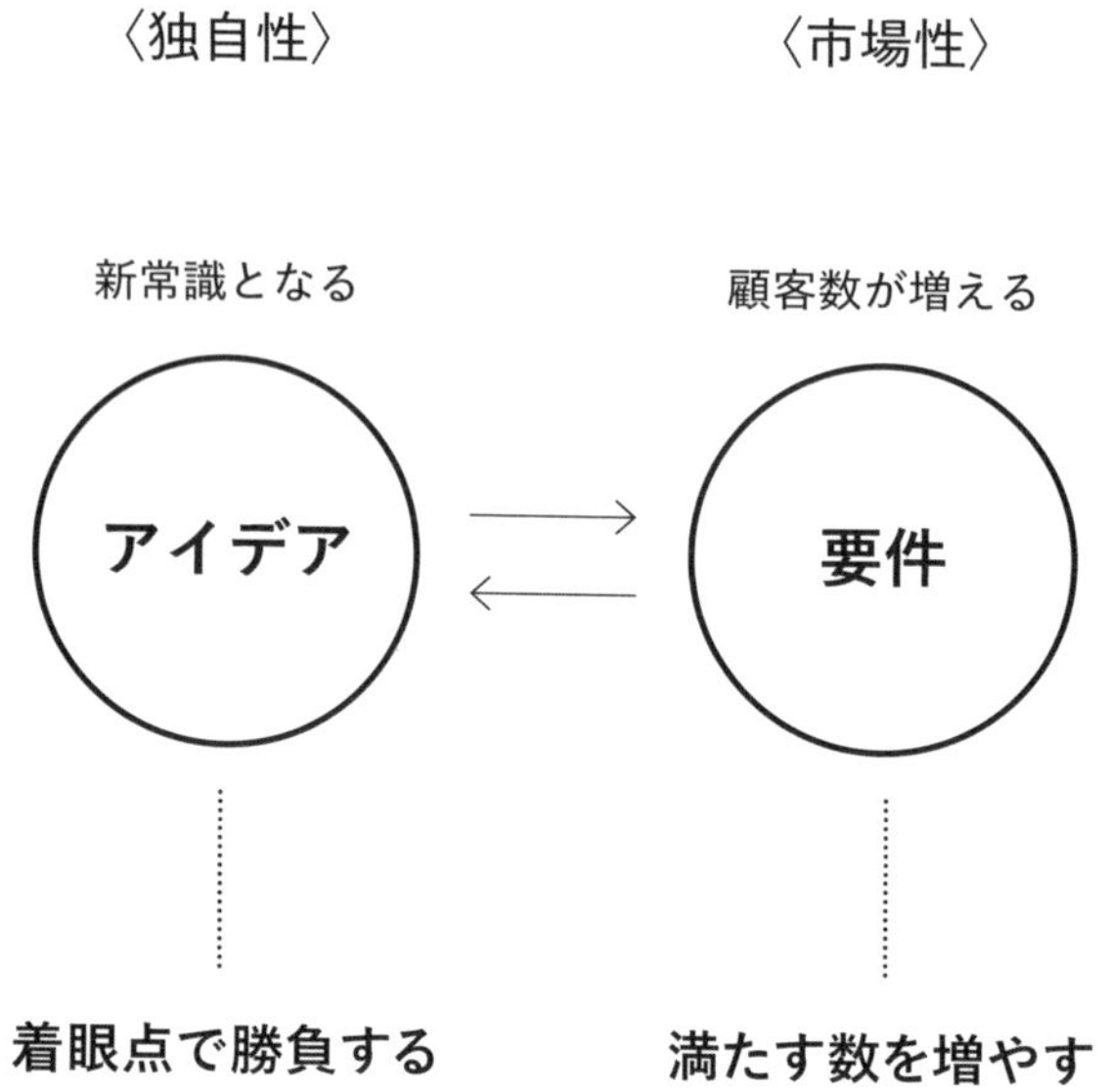

"離":アイデアの手順

手順よりもステップを繰り返すことが重要

第3章まとめ

両立の公式

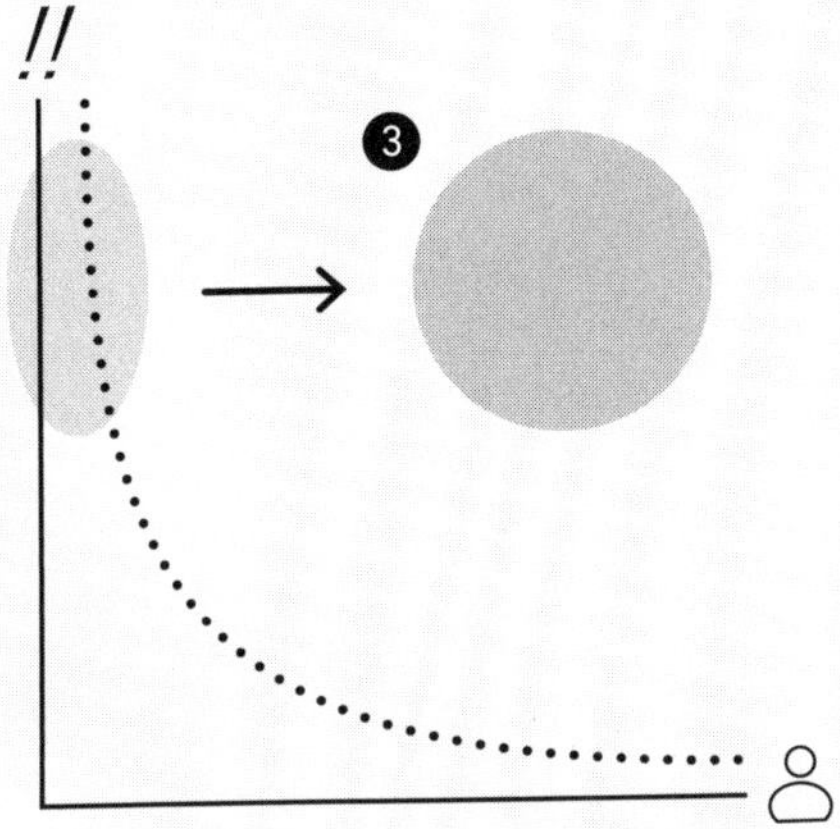

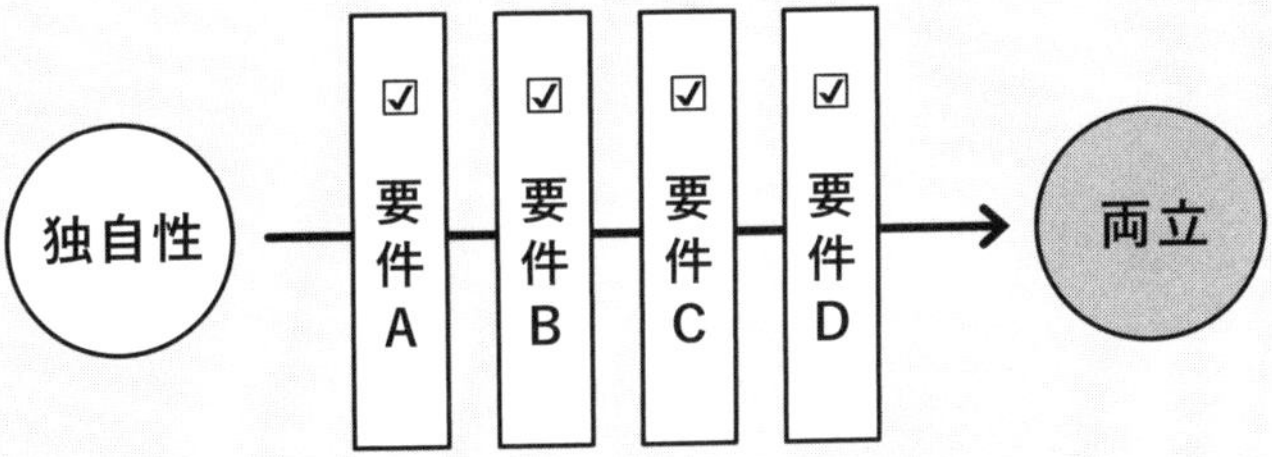

- ✓ 定めた要件で〈独自性〉を検証する
- ✓ 要件全てを一網打尽にするのが理想

補論：wemo

――〈独自性〉と〈市場性〉の両立事例

概要

本章ではこれまで紹介したアイデアのつくり方について、具体事例を基に詳細を補足する。

取り上げる事例は、機能性フィルムメーカー株式会社コスモテックと取り組んだ、ウェアラブルメモ「ｗｅｍｏ」である。ｗｅｍｏはシリコン製のバンド型メモで、腕に巻き付けて使用することができる。同社のコーティング技術を活用することで、油性ボールペンで書いて消しゴムで消せ、繰り返し使用できる〈独自性〉を実現した。看護師などメモを取り出せない現場最前線のワーカーや記憶力に不安を抱える方に愛用され、発売５年でシリーズ累計１００万本以上を販売。全社売上の15％以上を占めるヒット商品となり、ウェアラブルメモという潜在ニーズの開拓に成功している。

このｗｅｍｏを事例に、いかにして〈独自性〉と〈市場性〉を両立させたのかを解説したい。

シリコン製バンド型メモ

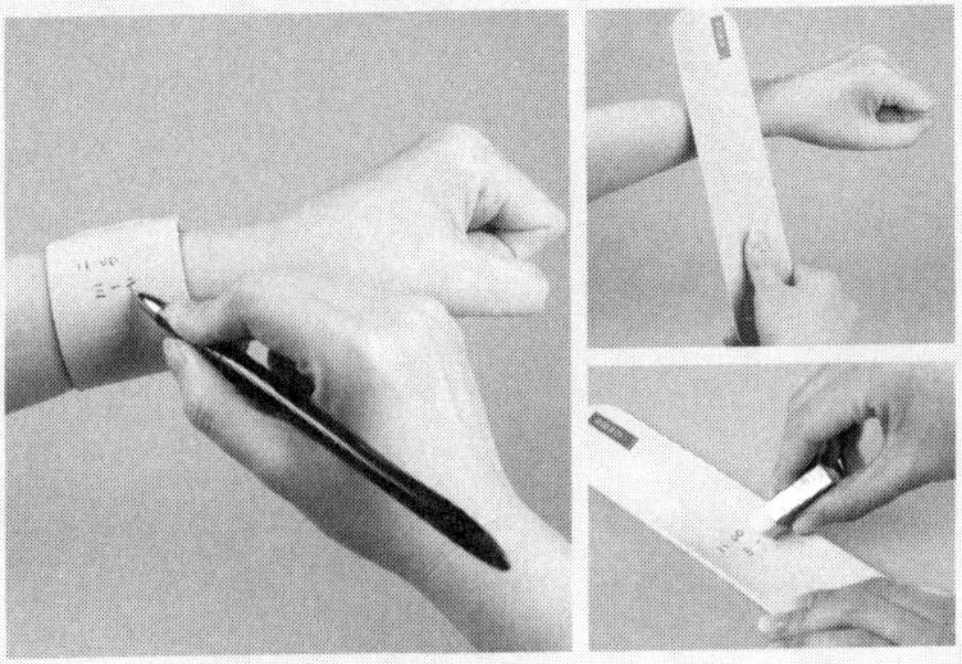

油性ボールペンで書いて消しゴムで消せる

ウェアラブルメモ「wemo」

Step1　発想する

第1章で述べた通り、まず着手すべきは〈独自性〉である。当初のコスモテックからの依頼は、水なしで肌に貼れる「特殊転写シール技術」を活用した事業開発であった。この技術を活用し新たな領域での事業を立ち上げたいと考えており、BtoC事業への興味関心が強かった。またこの事業を通して、自社の新たな看板商品となるフラッグシップを生み出したいと考えていた。これらの状況を踏まえると、本検討における制約条件は以下の通りである。

目的：フラッグシップの開発
範囲：BtoC領域での新規事業
資産：「特殊転写シール技術」を活用する

コスモテックのこれまでの展開は、スポーツ観戦やファッションアイテムとして使用するタトゥーシールであった。〈独自性〉を発想するにあたって着目したのは「用途」である。コスモテックや競合他社が販売していた商品は、「ファッション（見た目）」用途であったが、これに対して「ファンクション（機能）」という新常識があるのではと考えた。

Fashion → Function

コスモテックの特殊転写シール技術には、以下のような機能的な特徴があった。

・簡単に貼れる／剝がせる
・水に濡れても剝がれない
・肌に優しい
・伸縮性がある

しかし、既知の特徴を起点にしては〈独自性〉は見込めない。なぜなら、この領域で何十年にわたって携わっている専門家が挑戦した結果が現状であり、着眼点を変える必要があった。
新たな特徴として見出したのは「書ける」という機能である。油性ペンであればシールに直接メモができる。この機能を起点に考えたのが、wemoの原型となるメモシールという〈独自性〉である。

Step2　定める

〈独自性〉が発想できたら、次は〈市場性〉の3要件［対象］［認知］［動線］それぞれを明確にしていく。今回はWANTも同時に検討した。［対象］の要件は以下である。

MUST：渇望者が発掘できる
WANT：［対象］を増やす

着眼点 ： Fashion ⟶ Function

▼

アイデア ： メモできる
タトゥーシール

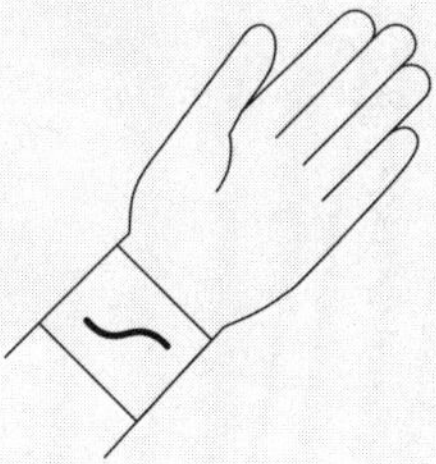

メモシール

機能的なタトゥーシールを発想した結果
wemoの前身となるアイデアが誕生

シールにメモするアイデアは、FashionではなくFunctionという新常識に対して、プロジェクトメンバーから出てきたアイデアであった。当初、このアイデアを耳にしたときは「誰がそのようなメモシールを必要とするのか」全くピンとこなかった。その疑心を一蹴したのは、あるメンバーの「看護師さんってよく手にメモしてますよね」という何気ないひと言であった。この言葉に渇望者としての可能性を強く感じ、本当に求められているのかを直ちに検証することにした。医療従事者に聞くと、「現場で甲に手メモする人を見かける」「頻繁に書いている人もいて洗うのが大変そう」という情報が得られた。後日手の甲に書かれていたメモの写真を送ってもらい、渇望者としてのポテンシャルを確認することができた。

WANTの〝［対象］を増やす〟については、以下を要件とした。

□ 医療従事者以外の潜在ニーズを開拓する

□ 法人に百枚／千枚単位で販売する

前者については、医療従事者という渇望者が確認できた時点で、すでに可能性を感じていた。というのも、農林水産業や工場・建設現場などでも、メモを取り出せない、突発的にメモが必要な状況が起こりえる。様々な現場の潜在ニーズを開拓することで、〈市場性〉を大きく高められると感じていた。

後者については、顧客の対象をＢ ｔｏ Ｂも加えたいと考えていた。メモシールニーズは、病院をはじめとする施設や企業にも十分にあるからだ。個人と法人の大きな違いは、一回当たりの購入数である。法人の場合は数百、数千枚の受注も期待できるので、より規模の大きい事業にするためには、法人からの大量受注が理想的である。定めた要件については、１６８頁の図「〈市場性〉要件一覧」にまとめている。

次の要件は以下の［認知］である。

MUST：認知させる手段がある
WANT：認知を他力で急増させる

認知手段としては、展示会の活用がファーストチョイスとなると考えられたが、それだけでは心許《こころもと》ない。マーケティングにかけられる予算が限られていたため、〝認知を他力で急増させる〟ことが必須の要件であり、〝メディアへの露出による認知獲得〟が必要だと考えていた。

この要件を詳細化した結果が以下である。

□ひと目で記憶に残る商品としてのキャッチーさがある
□キャッチーさと引き換えにメモの機能性を損なわない
□社会に役立つ意味を示す

〝ひと目で記憶に残る商品としてのキャッチーさがある〟とは、いかに「メディ

ア で映《は》えるか?」という問いの裏返しでもある。「映え」が必要なのはSNSだけではない。TVや雑誌、WEBメディアなど音声以外のあらゆるメディアで、「ひと目で記憶に残る」商品としてのキャッチーさがあると強い。イメージしやすいのは、Yahoo!ニュースである。あなたは、記事をどのように選んで読んでいるだろうか。おそらく、タイトルかサムネイル画像かのどちらかを見て決めているはずである。このサムネイル画像として機能するために必要なのが、〝ひと目で記憶に残る商品としてのキャッチーさ〟である。

しかし、この「キャッチーさ」とメモシールは相性が悪かった。キャッチーさを高めるためには、発色の強い色を選択することや商品にグラフィックデザインを施すことが必要になる。しかしそれは、メモが見づらくなることや、メモできる面積が小さくなることが予想された。そのため、〝キャッチーさと引き換えにメモの機能性を損なわない〟という要件を、[認知]とは直結しないが加える必要があった。

最後の要件［動線］は以下である。

MUST：購入までの動線を描ける
WANT：動線を最適化する

購入までの動線は以下の通り、描くことができる。

［認知］→［理解］→［訪問］→［購入］

この動線を基に、各プロセスの「滞りをなくす」を詳細化したのが以下である。

□［理解］価値を一目瞭然に示す
□［理解］役に立つことをユーザの声で示す
□［訪問］量販店に卸す
□［購入］価値に相当する価格で販売できる

〔理解〕のプロセスでは、2つの要件を設定した。ひとつは〝価値を一目瞭然に示す〟である。メモシールとは何か、どのように役に立つのかを丁寧に説明する必要があった。〈独自性〉が高いことの宿命ではあるが、これまでにない商品のため、ひと目では〔理解〕できないからだ。

もうひとつは、〝役に立つことをユーザの声で示す〟である。少しでも〔訪問〕者を増やすために、自分と似た属性の人が、どのような場面で便利だったかを示すことが必要と考えた。

そして、この動線での一番の課題は〔訪問〕である。なぜなら、コスモテックの既存事業は機能性フィルムのサプライヤーであり、BtoCの販路はないに等しかったからである。

販路の選択肢は当初3つあった。それは「自社EC」「Amazon等のECプラットフォーム」「小売店」である。「自社EC」については、〔訪問〕させるのはハードルが高い。また配送の手間が大きいことからAmazonを活用する

MUST

制約条件： □ フラッグシップの開発（目的）
□ BtoC領域での新規事業（範囲）
□ 特殊転写シール技術を活用（資産）

市場性： □ 渇望者が発掘できる
□ 認知させる手段がある
□ 購入までの動線を描ける

WANT

市場性： □ 役に立つことをユーザの声で示す
□ 価値に相当する価格で販売できる
□ ひと目で記憶に残るキャッチーさ
□ メモの機能性を損なわない
□ 医療従事者以外の潜在ニーズを開拓する
□ 法人に百枚／千枚単位で販売する
□ メディアへの露出による認知獲得
□ 社会に役立つ意味を示す
□ 価値を一目瞭然に示す
□ 量販店に卸す

〈市場性〉要件一覧

機能性フィルムメーカーのフラッグシップ開発を成功させるための要件

のが合理的だ。しかし、WEB販売だけでは限界があり、立ち上げ時に販売数を伸ばすためには、全国チェーンの大手量販店に卸せるのが理想である。そのため、要件として〝量販店に卸す〟を加えた。

Step3　見極める

〈市場性〉の要件が明確になったら、次はメモシールがどれくらい要件を満たすのかの検証である。MUST要件については次頁「〈市場性〉MUSTの確認」の通り既に確認済みのため、WANT計10要件が対象となる。最初に着手したのは、WANTの中に満たせなければ事業が成立しない、実質的なMUSTがないかの確認である。その結果、以下の2つが該当した。

□役に立つことをユーザの声で示す
□価値に相当する価格で販売できる

メモシール

Fashion → Function

☑ 渇望者が発掘できる

▶ **手メモする看護師等の医療従事者**

☑ 認知させる手段がある

▶ **展示会だけでなくメディア露出が必要**

☑ 購入までの動線を描ける

▶ **［認知］→［理解］→［訪問］→［購入］**

↓

〈市場性〉MUSTの確認

メモシールがMUSTを満たすことを確認

これらの要件を検証するために、メモシールの試作を行なった。使用感と原価を確認したが、結果はどちらも芳《かんば》しくない。ユーザの使用感については、確かにメモはできるものの、ペン先が肌に引っかかりスムーズに書けない、肌に貼るのに手間がかかるなどの課題が生じた。

価格については、概算の原価から算出した小売価格は1枚数十円となり、想定を大幅に超えていた。使い切りのシールとしては、〝価値に相当する価格〟とはいえず、もう一度〈独自性〉を考え直す必要がある。

〈独自性〉を考え直すにあたって、ほかに満たせていない要件も明確にしておきたい。なぜなら、それが新たな〈独自性〉を考える際のきっかけになることもあるからだ。とりわけ、最も難度が高いと感じたのは、以下の2つである。

□ ひと目で記憶に残る商品としてのキャッチーさがある

□キャッチーさと引き換えにメモの機能性を損なわない

両者のトレードオフを解消する目途は立っておらず、他の〈独自性〉で解決するのが望ましいと考えるに至った。以上から、この時点での要件の評価は次頁の図「〈独自性〉の評価①：メモシール」の通りである。

Step4　発想する⇓見極める

新たな〈独自性〉を発想するにあたって、起点としたのは価格である。この課題を乗り越えない限り、〈市場性〉を高めることは難しい。とはいえ、これ以上原価を下げることは不可能であったため、現状の新常識から別のアイデアを考える必要があった。ここで、今手元にある新常識を確認しよう。

タトゥーシール：Fashion↓Function

MUST

制約条件： ☑ ~~フラッグシップの開発（目的）~~
☑ ~~BtoC領域での新規事業（範囲）~~
☑ ~~特殊転写シール技術を活用（資産）~~

市場性： ☑ ~~渇望者が発掘できる~~
☑ ~~認知させる手段がある~~
☑ ~~購入までの動線を描ける~~

WANT

市場性： ☐ 役に立つことをユーザの声で示す
☐ 価値に相当する価格で販売できる
☐ ひと目で記憶に残るキャッチーさ
☐ メモの機能性を損なわない
☐ 医療従事者以外の潜在ニーズを開拓する
☐ 法人に百枚／千枚単位で販売する
☐ メディアへの露出による認知獲得
☐ 社会に役立つ意味を示す
☐ 価値を一目瞭然に示す
☐ 量販店に卸す

〈独自性〉の評価①：メモシール

WANTを満たす〈独自性〉を新たに発想する必要がある

メモ：身につけられない↓身につけられる

この2つの新常識を踏まえつつ、価格の課題を乗り越えるアイデアとして「腕に巻き付けられるシリコンバンドとシールのセット販売」を発想した。

ウェアラブルメモ：単体販売↓セット販売

メモシールの単価が下げられないのなら、他のパーツとセットにして販売し、シール単価の割高感をなくせないかと考えた。具体的には、シールを肌ではなくバンドに貼り付けて使用する。シールがソフトだとすると、バンドはハードの想定である。プリンターのように、インクで稼ぐようなことを企てた。

この〈独自性〉は、前述のトレードオフを解消（キャッチーさとメモとしての機能性の両立）できる可能性があった。なぜなら、キャッチーさはバンドのデザインで示すことができる一方で、メモの機能性は無地で透明のシールで担えるからだ。

バンドを試作してみると、メモを書かない部分にロゴを入れることや、バンドに着色しても機能性を損なわないことが確認できた。またメモシールよりもシリコンバンドのほうが圧倒的に書きやすく、〝役に立つことをユーザの声で示す〟が実現するイメージが湧いてきた。

その一方で、満たせていない要件もあった。バンドとシールのセット使用は、〝価値を一目瞭然に示す〟には複雑すぎた。シリコンバンドの上にシールを貼って使用するという使い方は明快ではなく、現場で働く人にとって使い勝手が良いとは言えない。また、価格についても解決できた気でいたが、よくよく考えると本質的に要件を満たしたわけではない。着実に満たしている要件の数は増えているが、再度〈独自性〉を発想する必要があった。

Step5　発想する ⇓ 見極める

新たな〈独自性〉を発想するにあたり、〝価値に相当する価格で販売できる〟

シール＋シリコンバンド

単体販売 → セット販売
（ウェアラブルメモ）

- ☐ 価値に相当する価格で販売できる
- ☐ 役に立つことをユーザの声で示す
- ☑ ~~ひと目で記憶に残るキャッチーさ~~
- ☑ ~~メモの機能性を損なわない~~
- ☐ 医療従事者以外の潜在ニーズを開拓する
- ☐ 法人に百枚／千枚単位で販売する
- ☐ メディアへの露出による認知獲得
- ☐ 社会に役立つ意味を示す
- ☐ 価値を一目瞭然に示す
- ☐ 量販店に卸す

↓

〈独自性〉の評価②：
シール+シリコンバンド

満たしている要件の数が乏しく再度〈独自性〉を考えることに

理想の状態を考えてみた。公式で記述すると以下となる。

ウェアラブルメモ：使い捨てる↓繰り返し使える

この時点で実現できる目途は全くなかった。ターニングポイントは、何度目かの試作をテストしていたときである。シールからはみ出して書いてしまった状態を検証していた。シリコン部分にボールペンで書いたところ、インクを弾くことなく書けてしまった。それだけでなく、指で擦《こす》ると何と少し消すことができたのだ。その瞬間に全てが繋がり、一網打尽の直感が働いた。

機能性フィルムメーカーであるコスモテックが得意とするのは、タトゥーシールの粘着部分だけではない。機能性フィルムとは、フィルムという薄い「樹脂素材」に「化学物質を塗る」ことで「機能を付加」した商品である。そのため、塗装はタトゥーシールのように裏面だけではなく表面にも可能である。つまり、シリコンバンドの表面に、コスモテックの技術を活用したコーティングを施すことで、油性ボールペンで書いて消せる機能を付加できるのだ。制約条件の『特殊転写シール技術』を活用する」には反しているが、コスモテックのコア技術の活用をしているという点で、問題はない。

このシ**リコンバンド単体のアイデアで、WANT全てを一網打尽**にしている。以下は各要件の詳細である。

□価値に相当する価格で販売できる

シリコンバンドの価格を試算すると1000円程度であることが分かった。決して安くはないがメモシールの単価と比較すると、渇望者のみならず多くのユーザにとって十分な価値が提供できると考えられる。なぜなら、一般的にメモは使い切りであることが常識であるからだ。シリコンバンドが割高でも、購入に値すると考える人が一定数いるのではないか。またバンドの場合、他の腕に巻き付けるものやシリコン素材の商品と比較されることが想定され、メモシールよりも有

着眼点：使い捨てる ⟶ 繰り返し使える

▼

アイデア：ボールペンで書いて消せる
ウェアラブルメモ

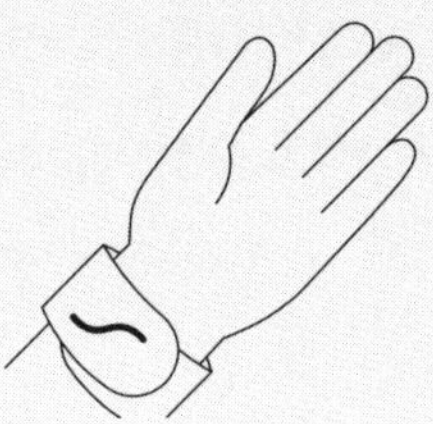

wemo

独自のコーティング技術を活用し、何度でも使用できるウェアラブルメモを実現

wemo

使い捨てる → 繰り返し使える

（ウェアラブルメモ）

- ☑ ~~価値に相当する価格で販売できる~~
- ☑ ~~役に立つことをユーザの声で示す~~
- ☑ ~~ひと目で記憶に残るキャッチーさ~~
- ☑ ~~メモの機能性を損なわない~~
- ☑ ~~医療従事者以外の潜在ニーズを開拓する~~
- ☑ ~~法人に百枚／千枚単位で販売する~~
- ☑ ~~メディアへの露出による認知獲得~~
- ☑ ~~社会に役立つ意味を示す~~
- ☑ ~~価値を一目瞭然に示す~~
- ☑ ~~量販店に卸す~~

↓

〈独自性〉の評価③：
wemo

定めた要件の一網打尽に成功

利と考えられた。

□医療従事者以外の潜在ニーズを開拓する

□役に立つことをユーザの声で示す

先に述べた通り、農林水産業や工場・建設現場などでの利用が、バンド単体のアイデアによってより現実味を増した。シールの場合は、作業前に貼っておかなければならず、一度剝がすと使えなくなってしまう。しかし、バンドの場合は必要なときに着け、いつでも外すことができる。しかも、貼る手間なく、書いたメモをリレーのバトンのように渡すこともでき、様々な場面で活躍することが想定できた。その結果、様々な業種の利用シーンをユーザの声として示すことができ、要件を満たすことができると考えられた。

これは発売後の後日談になるが、実際、以下のような利用者の声を得ることができた。

〝作物のサイズや作業手順のメモに重宝しています〟 - 農家

〝メモのためにわざわざ手袋を外す必要がなくなりました〟 - 酪農家
〝手洗いをたくさんするので、文字が消えなくて助かっています〟 - 食品工場
〝配達中にいちいちメモを出さなくてよくなりました〟 - 配送業
〝メモ帳を一日何十回と出し入れする煩《わずら》わしさを解消してくれました〟 - 介護士

□社会に役立つ意味を示す

医療やそれ以外の現場で役立つことは、日常生活での便利グッズ以上の価値を示せると考えられた。各ワーカーの役に立っていることは、前述のユーザの声の通りである。

実はもうひとつ、別の社会性の側面がある。それは、発達障害や認知症等で記憶を苦手とする方々が、この商品の渇望者であるという点だ。転機が訪れたのは、発達障害の息子を持つ母親の方からの問合せであった。小学校に通うようになったが忘れ物が多発するため、手のひらに油性マジックで書かざるを得ない状況にあるとのことであった。バンドを使用すればこの問題は解消される。

□メディアへの露出による認知獲得

□量販店に卸す

これまでにない〈独自性〉に加えて、前述の「社会性」、そして「ひと目で記憶に残る商品としてのキャッチーさ」によってPRのポテンシャルは十分にできあがった。そして、PRが想定通り実現できた上で展示会に出展すれば、量販店バイヤーからの問合せは期待できると判断した。

実際、wemoはTVだけでも100番組以上、広告費換算で数億円以上の露出を獲得し、様々な量販店で取り扱われている。

□法人に百枚/千枚単位で販売する

当初は施設などへの導入を想定していたが、バンド単体のアイデアにより企業ノベルティの可能性が出てきた。シリコンバンドには企業ロゴ入れ（名入れ）が可能であり、本体の色を変えるなどのカスタマイズも可能だからである。ノベルティ関係者からは高価すぎるとコメントされていたが、蓋を開けると数百どころか数千枚単位の受注も多々あり、ｗｅｍｏ事業売上の大きな割合を占める規模に成長している。

□価値を一目瞭然に示す

ボールペンでバンドに直接メモできるという価値は、バンド＋シールと比べると一目瞭然であった。実際は、使い方を３コマで示せば十分であり、ユーザ、メディア、バイヤー等に苦労なく伝えることができた。

以上が、ｗｅｍｏを題材にした公式の実践例である。常識を打ち破る大胆な発想と、きめ細かな要件の把握。この両者を高い次元で両立させることが、ｗｅｍｏの成功の背景にある。

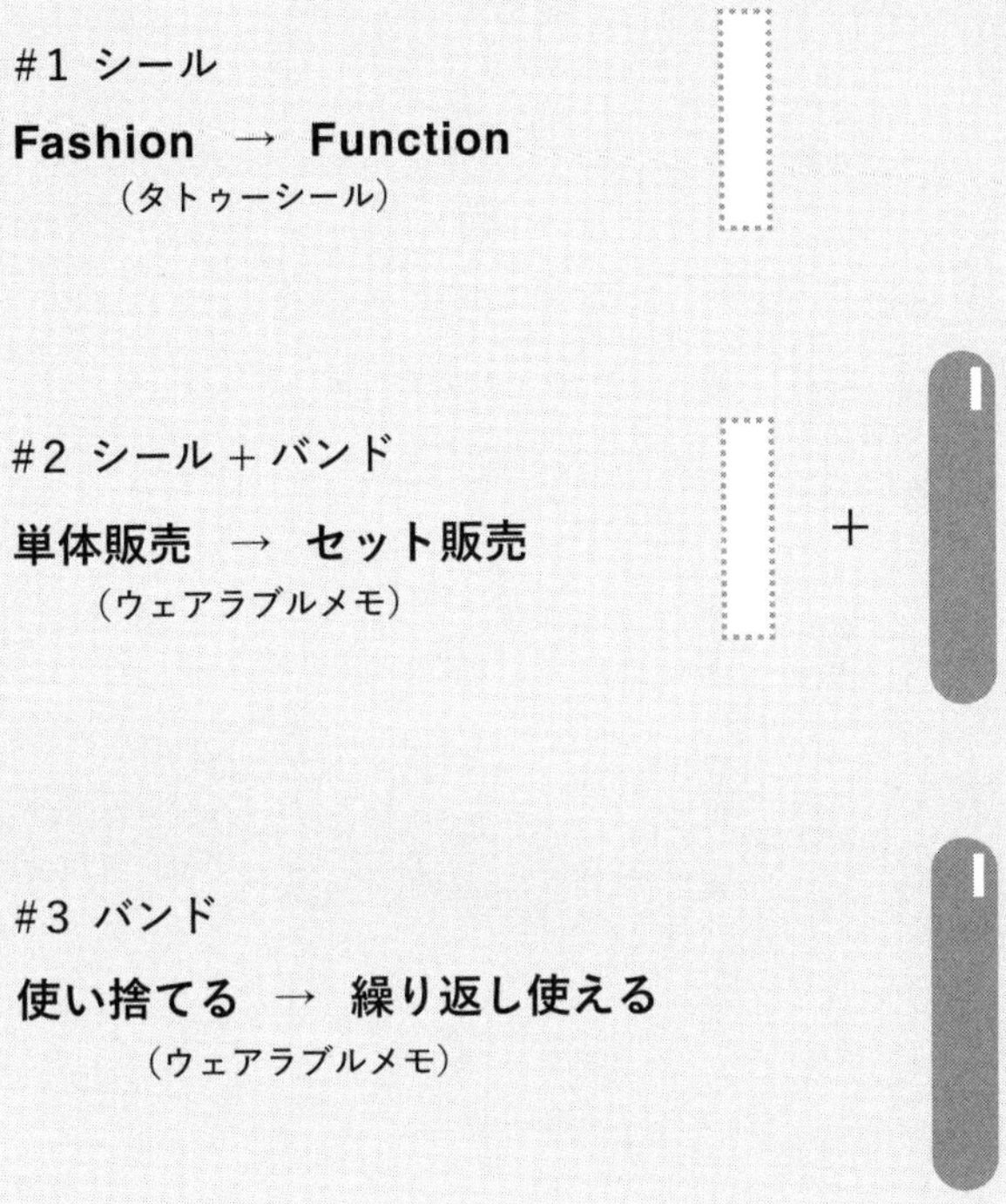

〈独自性〉の変遷

満たす要件の数を増やすことで〈独自性〉が進化していく

おわりに――デザイン思考 VS 建築思考

「ビジネスも建築もつくり方は同じ」

ビジネス経験がないにもかかわらず、コンサルティング会社の面接で私が放った15年前の言葉である。当時の面接官であった元上司と会うと必ずこの話題になるのだが、なぜこんなイタい発言をしたのか、若気《わかげ》の至りとして片付けるしかなかった。しかし時を経て、ようやく真意が分かった。この言葉こそが、本書で解説した**公式の根底にある考え方**を示している。最後にこの考え方を紹介して本書の終わりとしたい。

結論から述べると、その考え方とは**「建築思考」**である。建築思考とは、一般的に使用されている考え方でもなければ、業界で定義されているものでもない。「デザイン思考」という概念を知ったときに覚えた違和感から、私が勝手に名付けた俗称だ。その違和感とは「人間中心設計（human-centered design）」というデザイン思考のベースにある考え方である。「人間中心設計」は一見正しそうに見えるが、決してそうではない。建築教育を受けて育った者からすると、極めて視野の狭い考え方と言わざるをえない。

建築学科では、設計課題と呼ばれる授業がある。この授業では、住宅やオフィスビル、美術館といったテーマと実際の敷地が与えられ設計を行なう。この課題を「デザイン思考」つまり「人間中心」に設計をすると、教授から間違いなく最低評価が下される。なぜなら建築は、ユーザだけでなく、敷地や周辺環境、文化や歴史、意匠や構造、法規など、多岐にわたる要件を扱わなければならないからだ。しかも、その要件に決まりきった優劣や順序は存在せず、「人」が中心に置かれることは決してない。あえてデザイン思考と対比すると、**建築思考とは「非人間中心」であり、「人」はひとつの要件にすぎない。**

「非人間中心」の特徴は、**多岐にわたる要件を「等価」に扱う点にある。**本書の「制約条件」や「〈市場性〉の要件」も建築に劣らず複雑である。「人間中心」というような安易な基準であれば〈独自性〉は評価しやすいが、「すごいアイデア」を発想する

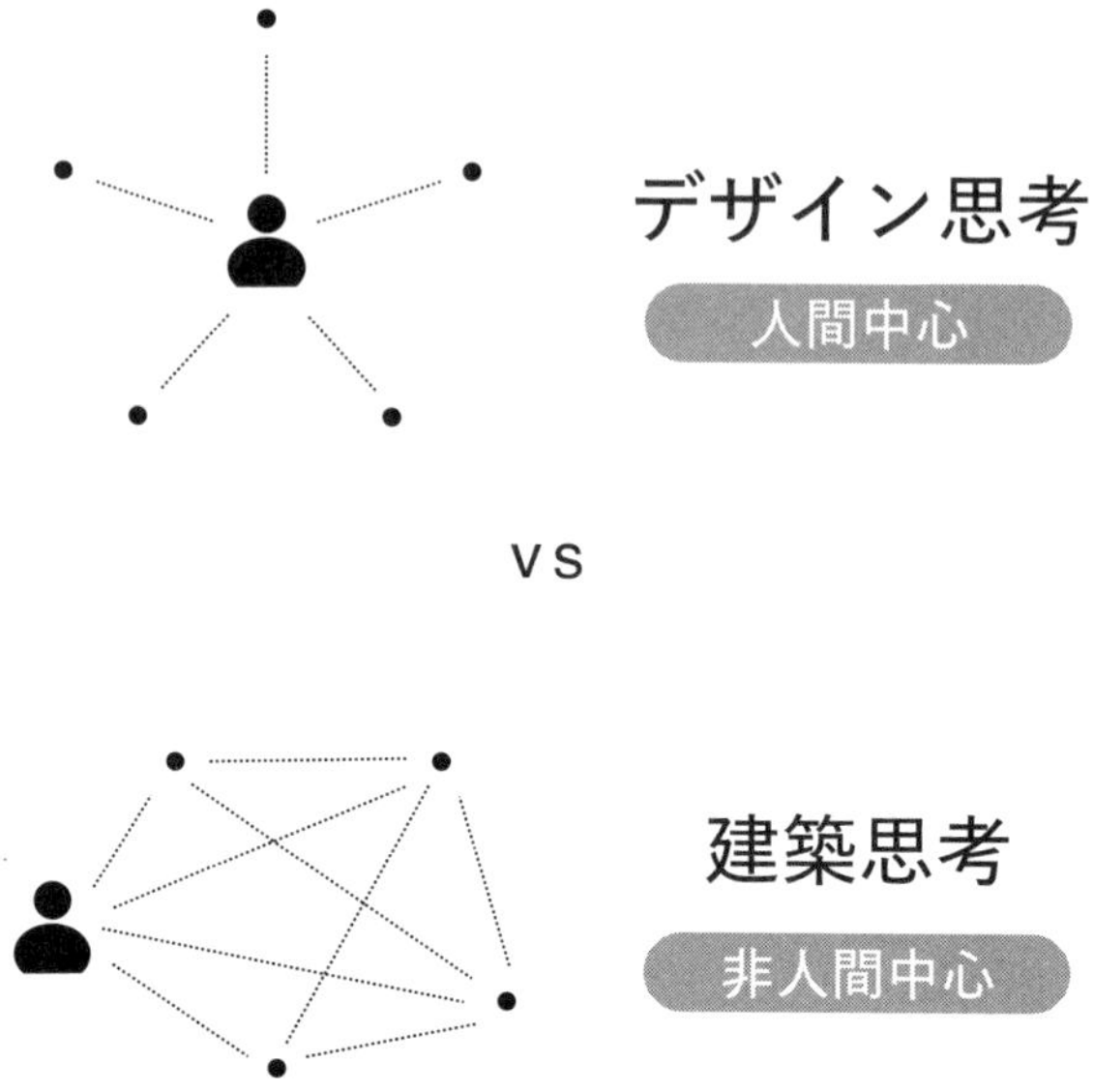

建築思考

アイデアづくりは建築思考のように要件を等価に扱うべき

のであればそうはいかない。要件の数で〈独自性〉を評価すべきとしたのは、要件を等価に扱う「非人間中心」の考え方が根底にあるからである。

「非人間中心」にはもうひとつ特筆すべき点がある。それは**「統合」**である。先に述べた通り、建築設計は要件が多岐にわたるが、最終的にはこれらの様々な要件をひとつの建物としてまとめ上げなければならない。その難易度が高いことは、言うまでもないだろう。本書を著すまでは気づかなかったが**「一網打尽」の起源は、この建築における「統合」という行為である。**ＭＵＳＴの要件は満たす必要があるとしても、それ以上の要件を全て満たそうとする考え方には普通はならない。不可能と思えることに違和感なく挑めるのは、「非人間中心」で設計することによって培《つちか》われた「統合」がベースにあるからである。

これで、「すごいアイデア」をつくるための「公式」は全て語り終えた。あとはあなたが実践するのみである。この公式を、「合議」「同調」「無難」と戦う全てのビジネスパーソンと友人　松尾和典に捧げます。

Profile

今井裕平

いまい・ゆうへい

ビジネスデザイナー。神戸大学大学院を修了後、安井建築設計事務所、日本IBM、電通コンサルティングを経て、2016年に株式会社kenma創業。企業の見過ごされた強みを発掘して、その会社の看板商品・サービスを創り出す「フラッグシップデザイン」を提唱。メモがわりに使えるリストバンド「wemo」は100万本を超える大ヒットを記録。その他、コクヨ初の賃貸住宅事業「THE CAMPUS FLATS Togoshi」、吸水スポンジタオル「STTA」、伊勢茶ボトルレンタルサービス「朝ボトル」など、数字で成果を示すことにこだわり、これまでにないユニークな商品・サービスを仕掛ける。グッドデザイン賞をはじめ、IAUD国際デザイン賞、フェーズフリーアワードなど社会課題解決を対象としたデザイン賞を多数受賞。東京都「デザイン経営スクール」総合監修・講師。

2024年「ヒット商品を次々と生み出すデザイン会社」として、テレビ東京『カンブリア宮殿』に出演。本書は初めての著書。

すごいアイデア

「尖《とが》らせて売《う》る」ビジネス発想《はっそう》の公式《こうしき》

令和7年2月10日　初版第1刷発行

著者　今井裕平《いまいゆうへい》

発行者　辻 浩明

発行所　祥伝社《しょうでんしゃ》

〒101-8701　東京都千代田区神田神保町3-3

☎03(3265)2081(販売)

☎03(3265)1084(編集)

☎03(3265)3622(製作)

印刷　萩原印刷

製本　ナショナル製本

ISBN 978-4-396-61829-2　C0033

祥伝社のホームページ　www.shodensha.co.jp